最も危険なアメリカ映画

町山智浩

集英社文庫

目次

最も危険なアメリカ映画

The Most Dangerous
American Movies
(Ever)

はじめに

「メキシコとの国境に壁を築け！」「イスラム教徒の入国を禁止しろ！」

ダミ声で叫ぶ大統領候補ドナルド・トランプに、世界の人々は「史上最低の候補」「前代未聞」「最悪のポピュリズム（大衆迎合主義）」と呆《あき》れた。でも、彼のような政治家は、ハリウッド映画で何度も描かれてきた。

たとえば、１９９２年の『ボブ★ロバーツ／陰謀が生んだ英雄』。熱心な政治活動でも知られる俳優ティム・ロビンスが製作・脚本・監督を兼ねた、政治サタイア（風刺劇）で、実業家から政治家に転身したボブ・ロバーツの選挙キャンペーンの記録映画という体裁になっている。

ボブ・ロバーツは保守的で女性差別的だ。テレビ出演時にリベラルな黒人の女性アナウンサーを「共産主義者」「反米」と決めつけるが、こうした暴言を吐けば吐くほど人気を集めていく。ドナルド・トランプのように。

経歴も似ている。ボブ・ロバーツは高校の頃は問題児で、最終学年で落第し、ミリタリー・カレッジ（陸軍大学）に進む。ドナルド・トランプも中学生のときに素行不良のためミリタリー・スクールに転入させられている。ボブ・ロバーツはイェール大学を卒業し、ニューヨークの株式投資で若くして大成功し、共和党から上院議員選挙に出馬する。トランプはビジネス・スクール、ウォートン校を卒業後、若くしてニューヨークでの不動産取引で大成功し、共和党から大統領選挙に出馬した。また、ボブ・ロバーツは「私的な慈善団体」を通じて、美人コンテストを主催しているが、トランプも、ミス・ユニバース・コンテストの権利を買ってオーナーになっていた。

ボブ・ロバーツの対立候補は「ロバーツは演説で、人々の差別意識をくすぐるのが巧みだ」と批判する。「ロバーツは論理よりも感情に訴える。しかしその中身はおそらく何もないだろう」

トランプもまったくそのように批判された。「移民を叩《たた》き出せ」「イスラム教徒を叩き出せ」と差別感情を煽《あお》り、公の場で女性を「ブス」呼ばわりする。それがＰＣ（政治的正しさ）に対する反逆として支持者を増やす。

『ボブ★ロバーツ』はコメディ俳優ジャック・ブラックのデビュー作でもある。ティム・ロビンスが主宰する劇団に所属していたブラックは、ボブ・ロバーツを信奉する無垢《むく》な（もっと言えば無知な）青年を演じている。彼はボブ・ロバーツのコンサート会場で熱狂し、友人たちと一緒に右腕を斜め四十五度に上げる。

これはもちろんナチスの「ハイル・ヒットラー」式敬礼だが、呆れたことにトランプも同じことをした。政治集会で支持者たちにこう呼びかけたのだ。

「私を信じる者、私に投票する人は右腕を上げなさい」

するとトランプ支持者たちは一斉にナチス式敬礼をした。この光景はメディアで報じられて大問題になった。

ボブ・ロバーツは『カッティング・エッジ・ライブ』という架空のテレビ番組に出演することになる。番組のスタッフや出演者は反対する。たとえばキャロルという女性のスタッフはこう言う。

「馬鹿げてるわ。ファシストを出演させるなんて」

『カッティング・エッジ・ライブ』はニューヨークのテレビ局が土曜夜に公開生中継している国民的なコメディ番組で、モデルはもちろんNBCテレビの『サタデー・ナイト・ライブ』だ。

2015年11月、トランプも『サタデー・ナイト・ライブ』に出演した。ヒスパニック系を中心

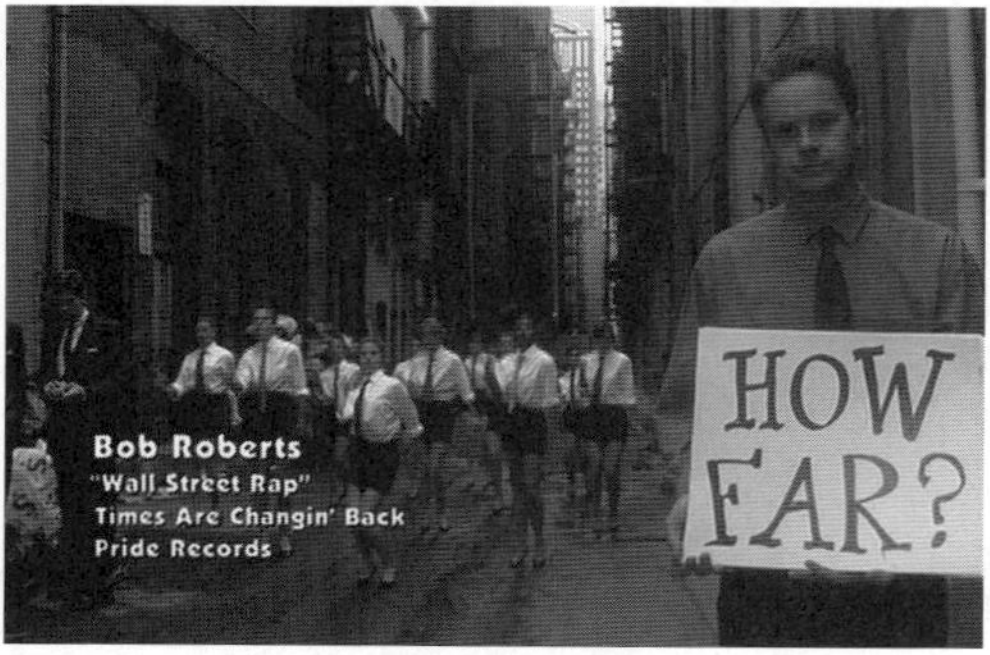

『ボブ★ロバーツ』はドナルド・トランプの台頭を予言していた？

に市民たちが怒ってＮＢＣにデモを仕掛けた。番組のスタッフも数人が仕事をボイコットした。

『ボブ★ロバーツ』はこの騒動を二十四年前に予言していた。

ボブ・ロバーツが政界に進出したのは、１９８７年の株式バブル崩壊で巨額の負債を背負ったからでは、という疑惑が浮上する。トランプも９４年に経営する会社を四つも破綻《はたん》させ、以後、「フォーブス」誌の長者番付にランキングされなくなった。「納税申告書を公開すべきだ」と迫られても、けっして公開しない。赤字申告ばかりで、まったく税金を払っていないのでは、と疑われている。

トランプは「メキシコからの不法移民がアメリカ国民の仕事を奪うから、国境に壁を築け」と言ったが、ボブ・ロバーツも壁について歌っている。

「壁が崩れたら、どんな奴《やつ》らが来る？　神なき者どもだ。奴らは正しき人の仕事を奪うだろう」

　ここまで来ると、もしやトランプは『ボブ★ロバーツ』を参考にしたのではないか？　と思えてくる。だが、トランプ的政治家の出現を予言していた映画は『ボブ★ロバーツ』だけではない。そもそも『ボブ★ロバーツ』は、１９５７年のエリア・カザン監督作『群衆の中の一つの顔』からヒントを得ている。反体制のフォーク・シンガーが保守勢力のプロパガンダ・マシーンになっていく映画だ。

トランプが差別的な暴言を繰り返すたびに支持率を伸ばしたことで世界が驚いたのは、それが映画で観《み》てきたアメリカとあまりに違っていたからではないか。アメリカ映画では昔から、弱く貧しい人々、それも肌の色が違うさまざまな人々が力を合わせ、差別や不正と戦う姿を通して自由、平等、進歩、ヒューマニズムが謳歌《おうか》されてきた。

だが、それはいわば「よそゆき」の顔。その陰には、差別的で狂暴で愚かなアメリカの素顔を暴いた映画もあった。

民衆がヒットラーのような独裁者を生み出す過程を描いた『オール・ザ・キングスメン』（49年）は、民主主義の危険性を描いているので、GHQによって日本での公開を禁じられた。

巨匠ジョン・ヒューストン監督がアメリカ軍の依頼で撮影した『光あれ』（46年）はPTSDの実態を記録したため、戦意を挫《くじ》くからと封印された。

その逆に、明るく楽しいエンターテインメントの作り手たちの歪《ゆが》んだ素顔を映してしまった映画もある。

第二次世界大戦中、ウォルト・ディズニーはアニメ『空軍力による勝利』（43年）を製作して、敵国の首都を直接爆撃する戦略を政府に提唱した。つまり東京大空襲のススメである。

また、ディズニーランドの乗り物「スプラッシュ・マウンテン」は映画『南部の唄』

（４６年）にちなむが、南部の奴隷制度や黒人差別を隠蔽《いんぺい》していると非難されているため、現在ではテレビ放送もＤＶＤ化も不可能。

同じように、巨匠Ｄ・Ｗ・グリフィスの『國民《こくみん》の創生』（１５年）は、映画史に残る傑作と評価されながら、ＫＫＫ（クー・クラックス・クラン）と黒人のリンチを復活させた罪に問われている。

本書で取り上げた映画には、その危険な点が日本では気づかれなかった映画も多い。たとえばゲーリー・クーパー主演のロマンチックな『摩天楼』（４９年）はハリウッドでアカ狩りを先導した右派グループによって作られたプロパガンダだし、ロバート・ゼメキス監督の『バック・トゥ・ザ・フューチャー』（８５年）と『フォレスト・ガンプ／一期一会』（９４年）の楽しさの裏側には、60年代の反戦運動や公民権運動に対する強烈な敵意が隠されている。それは甘い菓子に密《ひそ》かに混ぜられた毒だ。

スティーヴン・スピルバーグの映画はオバマ大統領を選んだアメリカの映画だが、本書で取り上げた映画のようなアメリカもある。ＫＫＫの誕生を「國民の創生」と呼ぶアメリカ、アカ狩りと差別がまかり通っていた50年代を懐かしむアメリカ、共和党の大統領候補指名受諾演説で「もはやＰＣにかまっている暇はない！」と叫ぶトランプに熱狂的に拍手喝采していた人々のアメリカにようこそ。

第1章

『國民の創生』

The Birth of a Nation

1915年
監督　D・W・グリフィス
脚本　トーマス・ディクソン他
出演　リリアン・ギッシュ
ヘンリー・B・ウォルソール

KKKを蘇《よみがえ》らせた「史上最悪の名画」

「すべての人への贈り物」

――『國民の創生』リバイバル上映時に日本の配給会社がつけた宣伝コピー

映画史上最大の難物

鬼瓦《おにがわら》のような顔をしたトミー・リー・ジョーンズが自宅に帰り、カツラを外してツルッぱげの頭を見せる。スティーヴン・スピルバーグ監督の『リンカーン』（2012年）の1シーンだ。

『リンカーン』は、1865年に、奴隷制度を禁止する合衆国憲法修正第十三条が下院議会を通過するまでのドラマで、トミー・リー・ジョーンズが演じるのはサッディアス・スティーヴンス共和党下院総務。人種間の完全なる平等を目指した奴隷制度撤廃論者。彼のカツラはアメリカでは有名なので、それを外すシーンでは観客は「待ってました」とばかりに爆笑した。

サッディアス・スティーヴンスのカツラは前にも映画で観たことがある。D・W・グリフィス監督の『國民の創生』（1915年）だ。役名はオーースティン・ストーンマンとなっているが、顔も服装もサッディアス・スティーヴンスの写真そっくり。愛娘エルジー（リリアン・ギッシュ）がカツラをめくって汗をふいてあげるシーンが笑いどころになっている。

スティーヴンスは『リンカーン』で、「黒人にも選挙権を与えるべきだ」と主張する。「それは許容できない」と民主党員は修正第十三条を死に物狂いで阻止する。それから約百五十年後に民主党からオバマ大統領が誕生するわけだが。

このスティーヴンス、『國民の創生』では悪役だ。この映画は、黒人の選挙権を否定し、黒人をリンチして殺す白人至上主義の秘密結社KKK（クー・クラックス・クラン）を正義として描いているからだ。

『國民の創生』は、世界映画史上最大の難物だ。

現在、世界で観られている

『國民の創生』公開時のポスター。KKKが「英雄」として描かれている
©Mary Evans/amanaimages

生」した。それ以前の映画は、「貧乏人向けの見世物」と蔑《さげす》まれていたが、『國民の創生』で初めて、文学や絵画や演劇と並ぶ芸術形態として認識された。「技術的には」間違いなく偉大な傑作である。

しかし、その内容は、歴史に対する意図的な歪曲《わいきょく》、捏造《ねつぞう》、欺瞞《ぎまん》、虚偽、そして悪辣《あくらつ》な人種差別に満ちている。『國民の創生』は、その歪められた歴史観を世界に広めてしまっただけでなく、実際に暴力犯罪を扇動することにもなった。レニ・リーフェンシュタールがナチス党大会を記録した『意志の勝利』（35年）、ウォルト・ディズニーが戦略爆撃をプロパガンダした『空軍力による勝利』（43年、本書第3章）と並んで、優れた芸術によって社会に実害を及ぼした映画のひとつでもある。

また、グリフィスという映画作家は、『國民の創生』以外の映画では、少数者への共感、白人の傲慢《ごうまん》さ、人種差別の悲劇を描いてきただけに、グリフィスの最大のヒット作である『國民の創生』は、彼の信奉者にとっても、扱いに困った作品なのだ。

しかし、アメリカの映画と歴史と社会と人種を論じるには、この映画はどうしても避けて通れない。

分裂と和解の末に「国民」が誕生した

『國民の創生』は、北部と南部のふたつの家族、ストーンマン家とキャメロン家の物語だ。オースティン・ストーンマンはサッディアス・スティーヴンスをモデルにした奴隷解放運動家。ドクター・キャメロンはサウス・カロライナ州ピードモント市で黒人奴隷を使って綿花農園を経営している。

ストーンマン家の子どもたちはキャメロン家を訪ね、親交を深めるが、南北戦争が始まり、両家の息子たちは戦場で戦って死ぬ。戦後、生き残ったキャメロン家の長男ベンはストーンマンの娘エルジーと恋に落ちるが、解放された黒人奴隷たちがふたりを襲う。ベンは白人至上主義団体ＫＫＫを結成して黒人たちを蹴散らし、エルジーと結ばれる。ふたつの家族は北部と南部を象徴している。彼らは南北戦争で引き裂かれたが、再び和解し、アメリカ国民が誕生した。

『國民の創生』の最初のタイトルは『クランズマン（The Clansman）』だった。クー・クラックス・クランの一員という意味だ。※1『クランズマン』の原作者トーマス・ディクソンは、南北戦争終結の前年（１８６４年）、南部連合十一州のひとつノース・カロライナ州に生まれた。南北戦争後、ディクソンの父はＫＫＫに入会した。解放された奴隷が選挙権を持つことは南部白人にとって脅威だったが、南部に駐留する北軍が黒人たちの権利を守っていた。そのため、KKKは夜になると覆面で顔を隠して、選挙に行こうとする黒人を見せしめとしてなぶり殺しにして、木からぶら下げた。

連邦政府は1871年に法律でKKKを禁止した。だからディクソンが物心ついた頃にKKKはすでに消えていた。しかし家族から聞かされた話を基に、1905年、『クランズマン』を書いた。

映画を「進化」させた男

これを映画化したグリフィスは南北戦争終結の十年後、1875年にケンタッキーに生まれた。ケンタッキーは南北の境界線州で、南部連合には参加しなかったが、グリフィスの父は南軍に志願して活躍した。幼いグリフィスは父から武勇伝を聞かされて育ったが、彼が十歳のときに父は他界した。リチャード・シッケル著『D・W・グリフィス／アメリカの人生』[※2]（1984年）によると、父が酒とギャンブルで身を持ち崩したためにグリフィス家は困窮したが、少年グリフィスはそれを南北戦争のせいだと混同するようになったという。

グリフィスは俳優から映画監督になり、一巻物（フィルム1リール分、長さ十五分以下）のサイレント映画を四百本以上作った。20世紀初頭の映画は、「ニッケルオデオン」（5セント劇場）で上映された。当時の映画の観客は、演劇のチケットが買えない貧困層、または英語がわからない移民たちだった。サイレントだから言葉がわからなくてもいいのだ。だから、映画はアングロサクソンからはまともな文化と思われていなかった。ハリウッドの映画会社を創設した人々がロシア・東欧からのユダヤ移民ばかりだったのはそのせいだ。

初期の映画はショート・コントやボクシングなどの記録フィルムが多かったが、１９０３年にエドウィン・Ｓ・ポーターが撮《と》った『大列車強盗』からドラマが始まった。

グリフィスは、史劇を得意とした。当時の衣装や小道具を集めて忠実に再現するシリアスな作品だ。特に、父から聞かされた南軍の物語を好んだ。

映画を「貧乏人の娯楽」から「芸術」に押し上げたD・W・グリフィス

製作を重ねるうちに、グリフィスは映画を急激に進化させていった。当時の映画は、ひとつのシーンを据え置きのカメラでワンショットに収める、演劇の記録にすぎなかった。しかしグリフィスは俳優の顔のクローズアップを挟み込んで感情を表現した。そのうちに一巻や二巻ではない、もっと大きなドラマを表現したくなった。

そこで目をつけたのが『クランズマン』だった。グリフィスはこれを十二巻、三時間を超える大作映画にした。『クランズマン』は南北戦争後のＫＫＫの物語だが、グリフィスはその前日話である南北戦争の全貌を書き加え、それを第一部、『クランズマン』の映画化を第二部とした。

娯楽映画の原型

「将来、アメリカの公立学校では子どもたちに映画で歴史を教えるようになるだろう」

グリフィスは誇らしげに言っている。『國民の創生』は国民的大イベントとして公開された。史上初のホワイトハウスでの試写会も開かれた。当時の大統領はウッドロー・ウィルソン（在任１９１３〜２１年）。ヴァージニア出身で南部生まれの大統領だった。この試写の際に『クランズマン』は『國民の創生』に改題された。「國民の創生」という言葉はウィルソンの『アメリカ人民の歴史』[※3]からの引用句だった。

映画を観たウィルソンは「これは稲妻で書かれた歴史だ」と語ったと言われる。「稲妻で書かれた」とは、モーゼの十戒《じっかい》を神が石板に稲妻で刻んだ、という伝説からの言葉。

大統領のお墨付きを得た映画、ということで、『國民の創生』は安っぽいニッケルオデオンではなく、各都市の中心にある、普段はオペラなどを上演する劇場で公開された。入場料は二ドルで、通常の八倍以上だった。これによって、「映画など下賤《げせん》の者の娯楽」と馬鹿にしていた中産階級以上の紳士淑女が正装して観に来た。映画がアメリカの娯楽の王様になっていくきっかけだった。

　第一部の南北戦争シーンは誰も観たことのない大スペクタクルだった。家を焼かれて丘の上で怯《おび》える家族のミドルショットからカメラが横にパンすると、眼下の平原では、ジョージアに向かって進軍するシャー

リンカーン暗殺のシーンは正確な考証に基づいて再現されている

マン将軍率いる北軍部隊の大俯瞰《だいふかん》。なんというスケール！　なんというダイナミックなアングル！　無線もない時代にこのショットを撮影するのはまさに戦争に匹敵する大事業だったはずだ。

戦場でストーンマン家とキャメロン家の息子たちが敵同士として出会う場面も素晴らしい。ふたりは弾丸を受けて抱き合ったまま死んでいく。その後、いろいろな反戦映画で繰り返されるイメージの原点だ。

リンカーン大統領暗殺シーンは、当時、特に強調して宣伝された。グリフィスは暗殺現場になったフォード劇場の実物大セットを作って、史料に忠実に記録フィルムのように再現した。スピルバーグは『リンカーン』で暗殺シーンを描かなかった理由を「他の映画ですでに見せているから」と言っているが、その代表が『國民の創生』なのだ。

そして映画史上に名高い第二部のクライマックス。ヒロインのリリアン・ギッシュにムラトー（黒人と白人の混血に対する蔑称）のサイラス・リンチ副知事が襲いかかる。黒人民兵が街の白人たちを襲撃する。主人公の父親たちが山奥の丸太小屋に孤立し、黒人たちに囲まれている。三つ同時に進行する白人たちの危機。それまでの映画ではひとつのシーンに他のシーンが割り込むクロス・カッティングなどなかったのだ。さらに、そこに駆けつける主人公ベンとＫＫＫの仲間たち。グリフィスはこの四つを行ったり来たりカットバックさせて観客に手に汗握らせる。

今、世界の人々が楽しんでいる娯楽映画の基本形は、『國民の創生』で生まれた。当時、これで映画というものに初めて触れた人々の驚きと感動は想像もつかない。

大統領の推薦さえも捏造だった

しかし、この映画は嘘《うそ》と欺瞞に満ちていた。

まず、ウィルソン大統領が試写を観て「稲妻で書かれた歴史だ」と言ったという事実は存在しない。宣伝のための捏造だ。後にウィルソンの側近は「試写を観た大統領は暗い表情で黙って立ち去った」と証言している。なぜなら、『國民の創生』はウィルソンの思想と真逆だったからだ。著書『アメリカ人民の歴史』の中でウィルソンは「ＫＫＫは混乱時の危険な誘惑」であり「黒人だけでなく、黒人を助ける白人、さらには学校の教師など女性にまで襲いかかった」と激しく批判した。なによりも、この映画は、南北の白人同士が黒人を排除するために力を合わせたときを「國民の創生」としているが、ウィルソンの著書は逆に、憲法修正第十三条で奴隷制度が禁止されたときを「國民の創生」としているのだ！

そもそもグリフィスたちがタイトルを『國民の創生』に変えたのは、その前に『クランズマン』のタイトルで、ロサンジェルスで完成披露上映をしたとき、NAACP（全米黒人地位向上協会）から激しい抗議運動を受けたからだ。当時NAACPは、南部では南北戦争後半世紀経《た》っても黒人が選挙に参加できない現状の打開を目指していたので、投票に行く黒人を殺すことを正義として描く『クランズマン』を許すわけにいかなかった。全米各地のNAACP支部が『クランズマン』上映阻止のためにピケ（座り込み）などを準備していたので、それに対抗するため、グリフィスたちは、ウィルソン大統領の言葉に改題してホワイトハウス試写会を働きかけた。

内容も歴史的事実を大きく捻《ね》じ曲げている。まず、南北戦争前にストーンマン家の息子たちがキャメロンの農園を訪れると、そこは楽園のような場所として描かれている。黒人たちはニコニコと笑顔で綿花を摘《つ》み、夕方に仕事が終わるとみんな陽気に歌って踊る。みんな幸福そうだ。

現実はどうか。アフリカで平和に暮らしていた人々は、ある日突然、誘拐され、家族から引き裂かれ、貨物船に押し込められて大西洋を渡った。アメリカで奴隷として売られると、結婚は許されず、自分の子どもは商品として市場で売られた。反抗すれば鞭《むち》で叩かれた。肉が裂け、骨がむき出しになるような鞭だ。逃亡すると手や足の先を切断されることもあった。

南部では白人が自分の奴隷を殺しても何の罪にもならなかった。人間ではないと思っていたからだ。南部の牧師は「黒人には死後も残る魂がないので、あの世にもいかない」と説いた。白人の男が奴隷の女性をいくら犯しても、白人の妻は何とも思わなかった。人間ではないと思っていたからだ。だから、黒人たちは必死で北部に逃亡した。生まれてきた自分の子どもを「奴隷になるくらいなら」と自ら殺してしまう母親もいた。地獄そのものだったのだ。

「失われた大義」の物語

『國民の創生』は、徹底して、南部を無垢な被害者として描く。たとえば、南北戦争の始まりは、1861年4月のリンカーンによる志願兵募集をきっかけに始まることになっている。つまり北部が先に仕掛けたというのだが、実際はサウス・カロライナ州の連邦のサムター砦《とりで》を南部連合軍が攻撃したこと（同月）で戦争は始まった。

しかも、志願兵募集にサインをするシーンでリンカーンは涙を流す。リンカーンは南部に敵対していなかったが、サッディアスのような過激な奴隷制度廃止論者に煽られて戦争に突入した、という描き方である。これはまったくの虚偽で、実際はリンカーンは南部の反乱に激しく怒っていた。さらに、リンカーンが暗殺されたニュースを聴いたドクター・キャメロンは「南部の親友が殺された」と嘆く。リコンストラクション（南北戦争後の南部再建）において南部に対して親和的だったリンカーンが死んだことで、サッディアスたち黒人解放主義者、カーペットバッガー（Carpetbagger＝南北戦争で解体した綿花農園の土地を買収するために南部に入り込んだ北部人）、スキャラワグ（Scalawag＝北部人に協力する南部人）、それに黒人たちが結託して、南部白人を苦しめるというのだ。

それは、1886年から1903年にかけてコロムビア大学の教授を務めた歴史学者ウィリアム・アーチボルト・ダニングが提示した歴史観、いわゆるダニング学派の考え方だ。現実には、リンカーンこそが誰よりも奴隷制度の禁止を求め、そのために南北戦争だけでなく、ありとあらゆる手段を使った。それはスピルバーグの『リンカーン』に描かれているとおりだ。しかしダニング学派と『國民の創生』は、歴史上の英雄になっているリンカーンを否定せずに南部を正当化しようとして、「北部の指導者リンカーンは南部の味方だった」という奇妙な論理をデッチ上げた。

「『國民の創生』は南部の失われた大義（The Lost Cause）の物語だ」とグリフィスは言う。「南部の失われた大義」とは、南北戦争後しばらくしてから南部人たちが作り上げた歴史観で、「南部の連邦離脱は、北部による暴政に抵抗しただけだ」とする。つまり、工業化によって奴隷を必要としなくなった北部が、過去に奴隷制度を持っていたことを棚に上げて、南部に奴隷制度撤廃を要求した。南部は自らを守るために戦わざるを得なかった。しかし人口と工業力ではるかに勝る北部はそれを待っていた。南部ははめられたのだ――。

しかし、実際の南部は無垢な被害者とはほど遠かった。彼らは北軍に勝った後は、中南米を侵略して占領下に置き、奴隷制度をそこに拡大しようと計画していた。

この「南部の失われた大義」は、戦前の日本を正当化しようとする人々の論理とよく似ている。日本はアジアを侵略していない、欧米にはめられた云々《うんぬん》……。

『國民の創生』の罪は単に歴史を捻じ曲げたことだけではない。この映画によって、消滅していたＫＫＫが蘇り、実際に多くの人々の命が奪われたのである。

グリフィスが利用した「史料」

クエンティン・タランティーノは『ジャンゴ　繋《つな》がれざる者』（２０１２年）で、南北戦争前の南部における黒人奴隷制度を描いた。奴隷の所有者たちは、面白半分で奴隷同士に殺し合いをさせ、脱走奴隷を犬に食い殺させ、奴隷の女性をハンマーで殴り殺し、男性の奴隷の性器を切断しようとする。

「実際の南部ではもっともっとひどいことがあったんだ」

タランティーノは、ニューヨークで行なった筆者のインタビューでそう言っていた。

『ジャンゴ』のために奴隷制度について大量の文献を読んだそうだ。「観るほうが辛《つら》いだろうから描写は抑え気味にしておいたよ」

タランティーノは、ハーヴァード大学のヘンリー・ルイス・ゲイツJr.教授によるイ[※4]ンタビューで、『ジャンゴ』のために『クランズマン』の著者トーマス・ディクソンの[※5]評伝『アメリカン・レイシスト』を読んだことを明かしている。そしてディクソンが『クランズマン』を発想したきっかけについて映画のシーンとして想像してみせる。

「ディクソンは、街の目抜き通りを黒人が堂々と歩いているのを見て『時代は変わっちまった』と嘆いたんだ。そしてポーチで椅子《いす》を揺らしながら、嘘っぱちの話を思いついたわけさ。『クランズマン』を読んだことのない人に言っておくけど、ヒットラーの『我が闘争』と並ぶ醜悪な空想だよ」

ディクソンの「嘘っぱち」というのは「ＫＫＫは正義だった」という嘘だ。この嘘を映画化するため、グリフィスは三つの歴史的資料を恣意的《しいてき》に利用した。ひとつは『國民の創生』というフレーズを引用したウッドロー・ウィルソンの『アメリカ人民の歴史』。次にジェームズ・シェパード・パイクの[※6]『屈服した州／黒人政権下のサウス・カロライナ』。そしてアルビオン・Ｗ・トゥアジーの[※7]『見えざる帝国』である。

「野蛮人」に乗っ取られた南部

『國民の創生』の後半は、南北戦争後のリコンストラクションが描かれる。南部の経済は大量の奴隷を無報酬で働かせる大農園に支えられていたが、奴隷制度が滅ぼされた今、近代化を進めなくてはならない。その中心になったのは、北部からやって来た政治家やビジネスマンで、彼らは当時流行していた、絨毯《じゅうたん》（カーペット）の生地で作った旅行バッグを持っていたのでカーペットバッガーと呼ばれた。

サッディアス・スティーヴンスをモデルにした政治家ストーンマンもキャメロン家の住むサウス・カロライナ州ピードモントに移り住んでくる。足の療養のため、暖かい気候の南部を選んだということになっている（実際のスティーヴンスも足が悪かったが南部に移住はしなかった）。ストーンマンは黒人たちに初めての選挙参加を呼びかける。

黒人の参政権こそ、南部の白人が最も恐れていたことだった。南部は少数の白人が大量の奴隷を支配するシステムだったからだ。たとえば南北戦争直後のサウス・カロライナ州の人口は白人47パーセントに対して、黒人は53パーセントと過半数を占めていた。『國民の創生』で、キャメロン氏も投票に行くが、選挙を監視する北部人の管理人に投票を禁じられる。キャメロンは南部連合政府の関係者だったためだ。その一方、ひとりで複数の投票用紙を投票箱に入れる黒人が描かれる。

結果、1871年のサウス・カロライナ州議会は、過半数を黒人議員が占めることになった。しかし議会は惨憺《さんたん》たる有様。古着でデタラメに着飾った黒人議員たちが、審議中に靴を脱いだ足を机の上に載せたり、鶏のもも肉をむしゃむしゃと食ったり、隠し持ったウイスキーを飲んだり、野蛮の限りを尽くす。グリフィスの字幕は「まるで奴隷たちが御主人様の屋敷の広間を乗っ取ったようだ」と表現する。

この州議会のシーンは『屈服した州／黒人政権下のサウス・カロライナ』という本の描写をそっくり映像で再現したものだ。『屈服した州』は、1873年、「ニューヨーク・トリビューン」紙にジェームズ・シェパード・パイク記者がサウス・カロライナから送った記事を単行本にまとめたもの。同書は、黒人の参政権を否定する論拠とされ続けた。歴史学者ロバート・F・ダーデンはこう書く。※8
「(パイクの州議会の記事は)北部による南部政策の腐敗と黒人たちの無知と野蛮さを描いており、南部再建を終わらせるのに一役かっただけでなく、20世紀まで歴史家たちに目撃者の手記として引用され続けた」

しかし、ダーデンは、パイクの記事は資料として信頼できないという。「実際は、彼の人種偏見を反映した、まったく主観的なものだった」

パイクは「ニューヨーク・トリビューン」紙の記者だった。同紙の編集長ホレス・グリーリーは西部開拓を呼びかけた「若者よ、西部を目指せ（Go West）」という言葉で有名な人物。グリーリーもパイクも共和党急進派（奴隷解放と黒人の参政権を求める派）だった。しかし、南北戦争後、ふたりは共和党穏健派（南部からの北軍の撤退と、黒人参政権に反対する派）へと転向する。「トリビューン」紙の論調もそれに合わせて転換した。７２年、グリーリーは共和党の大統領に立候補し、北軍の将軍で共和党急進派のユリシーズ・グラント候補に立ち向かった。しかし南部に甘い政策を打ち出したグリーリーは「黒人殺しを助ける男」と批難され、急激に狂気に陥り、投票日直前に死去した。グリーリー編集長の遺志を継いで、パイクは、サウス・カロライナにおける黒人たちの野蛮ぶりを悪意たっぷりに「ニューヨーク・トリビューン」紙に書き続けた。

　しかし、そうしたバイアスを知らない観客

『國民の創生』の「悪い黒人」は黒塗りの白人が演じる

は『國民の創生』を観て、「こんな野蛮人どもを政治に参加させるなんて間違いだ」と思うだろう。

「見えない帝国」の誕生

『國民の創生』の主人公であるベン・キャメロンは、黒人たちの暴虐をなんとか止められないか考える。たまたま黒人の子どもたちが、白いシーツを被《かぶ》った白人の子どもを幽霊だと思って怯える姿を目撃してひらめいたベンは白人たちを集め、白い布を頭から被る。KKKの誕生だ。

キャメロンたちは、黒人たちの小屋を訪れ、バケツに入った水をゴクゴク飲む。それを見た黒人たちは怯えて逃げ出す。それだけ見ると意味不明だが、それは実際のKKKのルーティーンだった。彼らは夜中に白装束で黒人の家を訪ねて水をバケツ一杯所望し、それをいっきに飲み干した。実は、飲むように見せかけて白装束の内側に隠した袋に流し込む仕掛けだ。飲み終えるとバケツを黒人に返しながらこう言う。「うまかったぞ。なにしろシャイロー（テネシー州の南北戦争の激戦地）で戦死してから初めての水だからな」つまり南軍兵士の幽霊だというわけだ。

ここでテネシー州シャイローが出てくるのは意味がある。実際にKKKが結成されたのはサウス・カロライナではなくテネシーで、その初代総長は、シャイローの戦いで北軍を苦しめた南軍の英雄ネイサン・ベッドフォード・フォレストだからだ。南北戦争前、フォレストは奴隷農園の経営者で、奴隷売買も行なっていた。戦争ではゲリラ戦の名手として活躍したが、１８６４年４月のピロー砦の戦いでは、捕虜にした北軍の黒人兵士三百人近くを虐殺したと言われる。

南北戦争が終わってすぐ、６５年12月24日、テネシー州の小さな町プラスキで南軍の元士官たちが秘密結社ＫＫＫを立ち上げた。クー・クラックス・クラン（Ku Klux Klan）という名は、kyklos（ギリシャ語でサークル）とClan（スコットランドにおける「氏族」）をつなげて暗号化したもので「同胞団」程度の意味だ。

ＫＫＫ発足の話はすぐに南部全体に広がり、奴隷解放を不服とする白人たちが各地で密かにＫＫＫを結成した。７０年前後には五十五万人が加盟していたという。人はそれを「見えない帝国」と呼んだ。南部帝国は滅んでもＫＫＫとして存在すると。

グリフィスによる歴史の意図的歪曲

ＫＫＫ誕生のシーンでグリフィスはこんな字幕を出す。

「ＫＫＫは、南部を黒人による無政府状態から救った組織である。しかし、そのために流した血はゲティスバーグの激戦に劣るものではない。カーペットバッガーのトゥアジー判事もそう書いている」

「カーペットバッガーのトゥアジー判事」とは、共和党急進派の政治家で判事だったアルビオン・W・トゥアジーを指す。しかし、グリフィスの字幕は意味が曖昧《あいまい》だ。トゥアジーは、「KKKが南部を黒人から救った」と言ったのか、「KKKはそのためにゲティスバーグの戦い以上の犠牲を払った」と言ったのか、よくわからない。しかし、実際はどちらも違う。トゥアジーは、その著書で「KKKはゲティスバーグの戦死者にも匹敵する数の黒人を殺した」と怒っているのだ。

熱心な奴隷解放主義者だったトゥアジーは北軍兵士として戦い、脊椎《せきつい》に損傷を負った。戦後、その傷を癒《いや》すため、温暖な南部ノース・カロライナ州に移住し、判事に任命された。つまり南部人から見ればカーペットバッガーだ。

南北戦争が終わってから1867年までに南北カロライナ両州で、KKKは、黒人や、それを擁護する白人に対して五百九十八件の襲撃事件を起こし、百九十七人を殺した(これは少ないほうで、ジョージア州のKKKによる死傷者は一千人以上、ルイジアナ州では二千人近い)。68年に判事になったトゥアジーは六年間、KKKの犯罪を厳しく裁き続けた。度重なる脅迫に屈せずに戦った。彼はその経験を自嘲的に『愚か者の任務(A Fool's Errand)』(79年)という小説に書いた。これと続編『見えざる帝国』

は、南北戦争直後のKKKの貴重な記録であり、グリフィスも、『見えざる帝国』からいくつかのシーンを『國民の創生』に引用している。

ただし、グリフィスはなんと人種の黒白をひっくり返して使っているのだ。

トゥアジーの『見えざる帝国』には、投票に行こうとする黒人たちをKKKがリンチして殺す場面が緻密《ちみつ》に描写されている。グリフィスはこれを裏返して、投票を拒む黒人を黒人たちがリンチするシーンに作り替えた。また、『見えざる帝国』には、ひとりの屈強な黒人の鍛冶《かじ》職人が、集団で襲いかかった白人の暴徒を素手で返り討ちにするが背後から銃で撃たれてしまう場面がある。これも『國民の創生』では黒人と白人を入れ替えて使われている。

しかも『國民の創生』ではベンがKKKを結成するとすぐに黒人に銃撃されてメンバーがふたり死ぬ。念を押すように「リンチの支持者たち（黒人）が先にKKKを殺した」と字幕が出る。これは完全に捏造だ。その時点ではKKKはまだ何もしていないから黒人にとって彼らを殺す理由がないし、実際、黒人がKKKを撃った記録はどこにもない。つまりグリフィスは、KKKの犯罪行為の記録を黒人の犯罪へと意図的に歪曲した「確信犯」なのだ。

奪われた黒人の参政権

連邦政府はKKKをテロ組織と認定し、1871年には連邦法でKKKの活動を非合法とした。その後、KKKは次第に消滅していったが、取り締まりの強化のせいではない。活動目的である黒人の選挙権がなくなったからだ。

77年、ラザフォード・ヘイズ大統領（在任1877～81年）は、南部を監視していた北軍や共和党の政治家を南部から撤退させた。南部各州の議会はリディーマー（Redeemers）と呼ばれる南部民主党員に奪回され、彼らは、投票に際して識字力テストや投票税を義務づける法律を作って黒人の投票を阻止した。奴隷は字を読めなかったし、奴隷労働は無報酬だったので投票税の金などなかったからだ。サウス・カロライナ州では82年に「エイト・ボックス法」なるものが制定された。八つの投票箱を使った、クイズのような複雑なルールを読んで理解しないと投票できないシステムだった。

さらに南部各州の政府は黒人の公共施設使用や白人との結婚を制限する、さまざまな人種隔離法を制定した。これらの法律はジム・クロウ（愚かな黒人）法と呼ばれ、これによって南部の黒人の投票権は実質的に奪われ、黒人議員も消えた。南北戦争の目的だった人種の平等は実現されず、南部での黒人差別は百年後まで続いた。KKKはある意味、勝利を得て、その役割を終えたのだ。

『國民の創生』がＫＫＫを復活させた

１９１５年、『國民の創生』が公開され、国民的に大ヒットすると、消滅していたはずのＫＫＫが、まずジョージア州アトランタで復活した。それを追って、南部だけでなく北部も含めた全米各地でＫＫＫが次々に旗揚げされた。その数は２０年頃には六百万人に達した。映画というメディアによるプロパガンダの結果だ。

新生ＫＫＫは秘密結社ではなく、堂々と昼間から行進し、新聞や雑誌などのメディアで公に発言し、民主党、共和党に続く第三勢力として、政治家を推薦し、投票を動かす力になった。『國民の創生』がＫＫＫを「正義のレジスタンス」として描かなかったら、これほどの人気になっただろうか？

第二次ＫＫＫブームは十年後に突然崩壊した。２５年、インディアナ州ＫＫＫのリーダーが白人女性を拉致《らち》してレイプし、連れ回された被害者が隙《すき》を見てマーキュロクロム液（水銀含有の殺菌剤）を飲み干して自殺する事件が起こったからだ。それから五年間でＫＫＫの会員数は六百万人から三万人まで激減したが、南部では再び秘密結社となって続いた。

そして50年代、人種隔離政策の撤廃と黒人の選挙権を求めて公民権運動が始まると、ＫＫＫは再び発動し、テロやリンチをくり広げた。ＫＫＫによる公民権運動家の暗殺は『ミシシッピー・バーニング』（８８年）や『ゴースト・オブ・ミシシッピー』（９６年）で描かれているとおりだ。

「『國民の創生』はＫＫＫを再生させ、また黒人たちが犠牲になった。それは60年代まで続いたんだ」

タランティーノはゲイツ教授のインタビュー（前出）の中で言う。

「原作者のトーマス・ディクソンJr.も映画にしたＤ・Ｗ・グリフィスも、戦犯として有罪だと思うよ」

奴隷制度に立ち向かった男の愛

スピルバーグの『リンカーン』は、１８６５年1月、奴隷制度を禁止する合衆国憲法修正第十三条をめぐる下院議会の攻防を描いている。

リンカーンと議会で多数派の共和党は憲法による奴隷制度の永久禁止を求めるが、議会の三分の一を占める民主党は、それに反対する。改憲には下院議席の三分の二以上の賛成が必要なので、民主党員を賛成させないといけない。

奴隷制度廃止派の先鋭、共和党院内総務サッディアス・スティーヴンスは黒人の参政権をも含んだ「人種の完全な平等」を訴える。民主党穏健派は、「人種の完全な平等」ではなく、単に「法の下での平等」ならば賛成してもいい、と言う。そこでリンカーンはスティーヴンスを説得して妥協させる。

　そして、ついに憲法修正第十三条が下院を通過したとき、スティーヴンスがその勝利を真っ先に伝えるのは、リディア・ハミルトン・スミスという褐色の肌の女性だ。彼女はスティーヴンス家のメイドでアフリカ系クォーター。夫と死に別れた後、二十三年間スティーヴンスに仕え、彼の死を看《み》取《と》った。スティーヴンスは生涯、独身だったが、当時から周囲の人々からは、リディアが内縁の妻だと思われていた。スティーヴンスは自分の亡骸《なきがら》を黒人と同じ墓地に埋めてくれと言い残した。

物語の中ではムラトーたちが陰謀を企む悪役として描かれる（左がリディア、右がサイラス）

スピルバーグの『リンカーン』で、スティーヴンスとリディアは口づけを交わし、同じベッドに寝る。スティーヴンスは誰よりもまず、ひとりの愛する女性のために、奴隷制度に立ち向かった。自分と違う人たちの痛みを理解することは、まず身近な誰かを愛することから始まることもある。

奴隷解放の功労者サッディアス・スティーヴンスは、グリフィスの『國民の創生』では悪役である。名前はオースティン・ストーンマンに変えられているが、見た目もカツラも何もかもスティーヴンスそっくりで、しかもリディアというムラトーのメイドもいる。

『國民の創生』にも、ストーンマンがリディアを大切にし、慈《いつく》しむシーンがある。ところがその場面にグリフィスがつけた字幕はこうだ。

「この政治的指導者の弱点は、国民を傷つけることになる」

ストーンマンのリディアへの愛は「弱点」であり、それが政策を誤らせたという意味だ。『國民の創生』のリディアはストーンマンを操る黒幕、マクベス夫人のような存在として描かれている。リンカーンが暗殺されると、リディアはストーンマンに「これであなたがこの国で一番の権力者です」と歓喜に身を震わせる。

三人のムラトー

リディアを含めて、『國民の創生』には三人の悪役が登場する。三人ともムラトーで、顔を黒く塗った白人俳優が演じている。他の黒人たちと並ぶと、この三人だけ目が異様にギラギラ光って邪悪に見える。

『國民の創生』で最大の悪役は、混血の政治家サイラス・リンチ。ストーンマンは「彼こそ解放された黒人の象徴だ」と言って支援する。サイラスは、サウス・カロライナ州で初めて黒人が投票に参加した選挙で副知事に選出され、白人たちを脅《おびや》かす。このサイラス・リンチは実在のふたりの政治家をモデルにしている。アフリカ系で初めてサウス・カロライナ州の副知事に選ばれたアロンゾ・ジェイコブ・ランシエルと、アフリカ系初の下院議員に選ばれたジョン・Ｒ・リンチ（ミシシッピー州）だ。

サイラスは邪悪な人間で、無意味に犬を締め殺して投げ捨てる。これはベルナルド・ベルトルッチ監督の『１９００年』（１９７６年）で、ファシストのドナルド・サザーランドが猫を頭突きで殺すシーンと並ぶ、笑ってしまうほどわかりやすいマンガ的な「邪悪さ」の表現だ。

三人目の悪役は、ストーンマンとともに、キャメロン家にやって来たガスという「自由黒人（解放された元奴隷）」。ガスはキャメロン家の末娘フローラに「結婚してくれ」と迫る。これはレイプの婉曲《えんきょく》表現だ。ガスに追い詰められたフローラは崖から身を投げる。

リディア、サイラス、ガス、三人のムラトーは傲慢だ。リディアは白人の来客が落とした帽子を拾おうとしない。ガスはキャメロン家の黒人のメイドに荷物を持たせようとする。しかし、メイドは白人気取りのガスの荷物を運ぶのを拒否する。キャメロン家の忠実な召使が選挙に行くことを拒否したように。

『國民の創生』では、黒人たちは基本的に善良でイノセントな存在であり、彼らが暴動を起こしたりするのは、邪悪なムラトーたちにたぶらかされただけだ、という形になっている。

それはグリフィス監督自身の黒人観を表わしている。『國民の創生』が黒人への嫌悪に満ちていると批判されたとき、グリフィスは「私は黒人を嫌悪していません」と反論[※9]した。「私にとって黒人とは子どものようなものです。愛して、面倒を見てやるものです」だが、黒人は子どもではない。グリフィスは自分が黒人を蔑視していることにすら無自覚だったのだ。

人種混交への恐怖

では、なぜ、この三人のムラトーだけが、こんなにも邪悪に描かれるのか？

三人とも白人との性的関係を象徴しているからだ。

リディアはストーンマンと内縁関係にある。ガスはフローラを求めて死なせたことでＫＫＫにリンチされる。サイラスは、ストーンマンの娘エルジーと結婚したがる。エルジーに恋する主人公ベン・キャメロンがＫＫＫを結成する最大の理由は、この褐色の恋敵を排除するためだった。

『國民の創生』で、サウス・カロライナ州議会を支配したサイラス・リンチら、黒人政治家たちが最初にやったことは、それまで禁じられていた「異人種間結婚」の合法化だった。これは完全にフィクションで、現実にはサウス・カロライナをはじめとする南部連合の各州の異人種間結婚禁止法は、１９６７年に連邦最高裁で違憲と裁定されるまで続いた。

人種混交への恐怖は、原作者トーマス・ディクソンのテーマだった。『クランズマン』の前に彼が書いた小説『豹《ひょう》の斑点《はんてん》（The Leopard's Spots）』（１９０２年）にも、サイラスと同じく、白人の友人の娘との結婚を望む黒人が登場する。しかし白人の牧師は人種的偏見に満ちた警告をする。

「黒人の血が一滴でも入れば黒人になる。髪は縮れ、鼻は横に広がり、唇は厚くなり、知性の光の代わりに野蛮な情熱に火がつく」

ディクソンが人種混交を恐れたのは、アイザック・テイラーの『アーリア人の起源(Origin of the Aryans)』(１８９０年)に影響を受けたからだ。これはドイツのマックス・ミューラーが言語学・神話学的な視点から唱えたアーリア人学説を、遺伝学、骨相学的に展開したもので、前頭葉の部分が丸い頭蓋骨を持つ者が最も進化した人類であるアーリア人だとする。

このアーリア人学説は、ナチス・ドイツによって、ゲルマン民族こそが正統なアーリア人であり、人類を支配すべき民族だという優生思想へと発展する。『國民の創生』のクライマックスで、キャメロン家はカーペットバッガーの家族と結束して、武装した黒人たちと戦う。字幕はこう語る。「かつての敵、南部人と北部人は再び手を結んだ。アーリア人の生得権を守るために」

ディクソンは、黒人の奴隷解放は肯定しているが、人種混交だけは許せなかった。それは単に黒人が劣った人種であるという偏見からだけではなかった。なぜなら『國民の創生』のリディアとサイラスは劇中で最も知恵の働く狡猾《こうかつ》な人間として、白人たちを操るのだから。

『國民の創生』で最もおかしな点は、黒人たちが白人との混血を求め、白人がそれを拒絶するという展開だ。なぜなら、ムラトーたちが存在するのは、黒人が求めたのではなく、白人の奴隷所有者たちが奴隷の女性たちを犯したからだ。

当時の南部では黒人は人間だとは思われていなかったので、白人男は妻や子どもにも公然と奴隷との間に子どもを作った。しかも、その子を奴隷として酷使し、売り払ったのだ。特に奴隷の輸入が禁止されてからは、せっせと奴隷を妊娠させて子どもという商品を「生産」した。その結果、現在、アフリカ系アメリカ人の三割が白人のＤＮＡを持っていることがゲイツ教授の調査で判明している。

ディクソンもそれは知っていた。彼の人種混交についての複雑な心情がわかるのは、『父の罪（The Sins of the Father）』（１９１２年）という作品だ。主人公ノートンは人種偏見を憎む白人で、ムラトーの女性と結婚しようとしてＫＫＫに攻撃される白人をかばって戦う。ところがノートンは妻子ある身であるにもかかわらず、そのムラトーの女性の娘に魅了され、不倫関係になってしまう。ここで、ひとりの医者がディクソンを代弁して読者に訴える。

「これこそが、南部の白人女性たちが直面すべき生きた真実です！　何万何千もの混血児たちは偶然の賜物《たまもの》ではありません！」それこそ、奴隷制度二百年間に南部の父たちが犯してきた罪の結果だというのだ。牧師でもあったディクソンは白人の男の不義の結果であるムラトーを憎んでいたのだ。ところがディクソンは理不尽にも、その罪を白人ではなく、混血児たちに背負わせる。それが狡猾で誘惑的なサイラスであり、リディアであり、ガスなのだ。

贖罪《しょくざい》のために作られた『イントレランス』

ディクソンの歪んだ人種観はグリフィスの映画的能力によって、ユニヴァーサルでエモーショナルな説得力を付加された。『國民の創生』は、強力なプロパガンダ装置になった。「ザ・ニューヨーカー」誌の批評家リチャード・ブロディは「『國民の創生』の最悪な点は、これが映画として最高であることだ」と書いている。※10

『國民の創生』がヘタクソな映画だったら、何の影響力も持たなかっただろう。しかし、運悪くグリフィスは天才だった。『國民の創生』は美しく、わかりやすく、サスペンスフルで、ロマンチックなエンターテインメントになった。言葉の通じない人々、南北戦争なんて知らない人々でも、北部人エルジーと南部人ベンが結ばれて「これが國民の創生だ」と締められるラストに感動した。

そして、この映画の力によって、とうの昔に滅んでいたＫＫＫが復活し、多くの黒人たちがリンチされた。また、南部で進んでいた黒人の参政権と人種隔離撤廃の動きも後退し、実現されるまでにさらに四十五年以上を要した。

被害者は黒人だけではなかった。この映画の公開当時、イタリア、アイルランド、ギリシャ、ロシア、東欧から大量の移民がアメリカに流れ込んできていた。ＫＫＫの矛先《ほこさき》は彼ら非ＷＡＳＰに対しても向けられた（ＷＡＳＰはアングロサクソン系プロテスタントの白人〈White Anglo-Saxon Protestant〉の略で、アメリカ社会の支配層を指す）。

新生ＫＫＫの暴威に誰よりも驚いたのは当のグリフィスとディクソンだった。ディクソンは「聖母マリアだってユダヤ人だったんだ」とユダヤ系への迫害を批判し、新生ＫＫＫとは距離を置いた。

グリフィスは『國民の創生』で人種差別主義者と非難され、徹底的に傷つき、打ちのめされたという。それほど自覚がなかったのだ。彼は『國民の創生』で得た莫大《ばくだい》な利益を注《つ》ぎ込んで次作『イントレランス』（１９１６年）を作り上げた。ここでグリフィスが描いたのは四つの時代の少数者に対する非寛容（イントレランス）。異教信仰のために滅ぼされる古代バビロン、エルサレムでのキリストの受難、カトリックがプロテスタントを殺した聖バルテルミーの虐殺、そして現代アメリカ、経営者に立ち向かった労働者たちが警察に弾圧される。『イントレランス』は人類史上の弱き者たちへの慈しみに満ちた映画だった。

「『國民の創生』の後、グリフィスはその生涯を償いのために費やした」映画評論家ロジャー・エバートは書く。[※11]『イントレランス』は莫大な製作費を回収できず、グリフィスは『國民の創生』で得た財産をわずか二年後にすべて失った。でも、贖罪だとすれば、それでよかったのだろう。その後のグリフィスは、中国人と白人の悲恋を描く『散り行く花』（19年）という『國民の創生』と正反対のメッセージを持つ傑作も残している。

グリフィスの芸術に感動した人は、『國民の創生』もかばいたくなるのが人情だ。筆者も、映画として優れていることに異論を挟む気はない。でも、核兵器だって人類の科学技術の結晶なのだ。たとえそれが優れていても害悪であることは免責されない。

「奴隷制度がアメリカの罪であるように、『國民の創生』はグリフィスの罪だ」

ロジャー・エバートは言った。[※12]そして、アメリカは奴隷制度、グリフィスは『國民の創生』という罪を犯したという事実をたとえ嫌でも「受け入れろ」と結論する。

クエンティン・タランティーノは自作『ジャンゴ　繋がれざる者』のインタビューで、アメリカ映画が今までほとんど奴隷制度を描いてこなかった事実について「奴隷制度はアメリカの汚点だからだ。どの国にも触れたくない歴史の恥部はある」と答えた。「でも、そこにこそ、最もエキサイティングな物語の可能性が眠っている」

そう、どの国にも、もちろん日本にも、歴史の汚点を直視することに映画の可能性が残されているはずだ。

※１　Thomas Dixon Jr. "The Clansman: A Historical Romance of the Ku Klux Klan", 1905
※２　Richard Schickel "D. W. Griffith: An American Life", 1984
※３　Woodrow Wilson "A History of the American People", 1902
※４　Henry Louis Gates Jr. "Tarantino Talks to Gates", The Root, Dec. 26, 2012
※５　Anthony Slide "American Racist : The Life and Films of Thomas Dixon", 2004
※６　James Shepherd Pike "The Prostrate State: South Carolina under Negro Government", 1874
※７　Albion W. Tourgee "the Invisible Empire: An Historical Review of the Epoch on Which This Tale Is Based", 1880
※８　Robert Franklin Durden "James Shepherd Pike: Republicanism and the American Negro", 1957
※９、※11、※12　http://rogerebert.suntimes.com/apps/pbcs.dll/article?AID=/20030330/REVIEWS08/303300301/1023
※10　http://www.newyorker.com/online/blogs/movies/2013/02/birth-of-a-nation-revisited.html

第2章

『滅び行く民族』

先住民の視点を描いた知られざるサイレント大作

The Vanishing American

1925年
監督　ジョージ・B・サイツ
脚本　エセル・ドハティ
出演　リチャード・ディックス
　　　ロイス・ウィルソン

グリフィスは先住民の悲劇を描いた

アワワワワワと雄叫《おたけ》びをあげて、フンドシ一丁で馬にまたがり、弓矢や槍《やり》で襲ってくる野蛮人。それが昔のハリウッド映画に登場する「インディアン」、もとい、アメリカ先住民のイメージだった。

先住民は白人によって土地を奪われ、生活を破壊された被害者であるという真実が映画で描かれるようになったのは１９６０年代、黒人たちが平等を求めた公民権運動の影響である。特に70年代前半のニューシネマでは、カスター将軍のワシタ川の大虐殺を描く『小さな巨人』（７０年）や、サンドクリークの大虐殺を描く『ソルジャー・ブルー』（７０年）などが、白人たちが隠してきた先住民への犯罪行為を暴くようになった。

以上がきわめて教科書的な「ハリウッド映画によるインディアンの描き方」の概要だ。でも、例外がないわけではない。

サイレント時代、Ｄ・Ｗ・グリフィスはそのものズバリ『インディアンの視点（The Red Man's View）』（０９年）という短編を作っている。平和に暮らしていた先住民の部族が、入植してきた白人たちから武力で立ち退《の》きを命じられる。肥沃《ひよく》な土地から水もない荒野へと移住させられる過酷な旅路で、老人や子どもは力尽きて死んでいく。

これは、アンドリュー・ジャクソン大統領（在任1829〜37年）による先住民強制移住を基にしている。セミノール族がフロリダから、チェロキー族がテネシーから、はるか遠いオクラホマの荒野へと追放された。西部開拓期の終わりから二十年ほどしか経過していない時代に『インディアンの視点』は、フロンティア・スピリット（開拓精神）の欺瞞を辛辣に突いている。

グリフィスは『大虐殺（The Massacre）』（12年）で、『小さな巨人』に先駆けてワシタ川の虐殺を描いている。1868年、シャイアン族のキャンプをカスター将軍率いる騎兵隊が襲撃し、ほとんど無抵抗の人々を殺した。大地に横たわる乳飲み子とそ

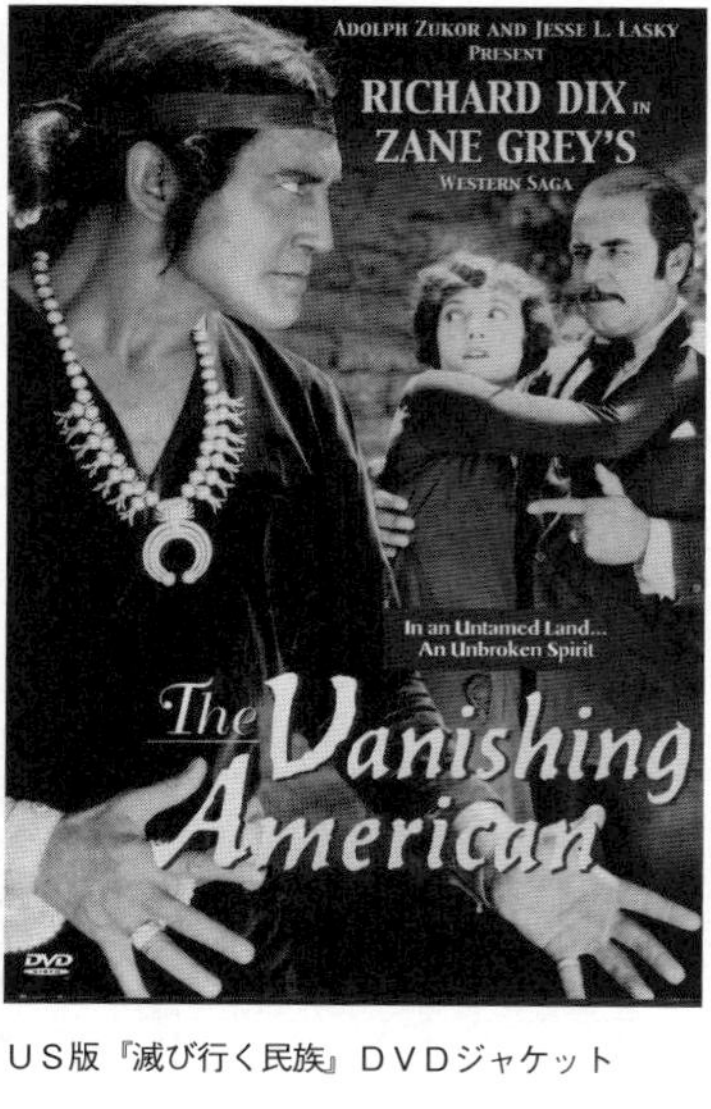

US版『滅び行く民族』DVDジャケット

の母親の遺体を捉えたショットは強烈だ。

グリフィスは、この二本の他にも大作『イントレランス』（16年）で歴史上の民族や宗教への弾圧を厳しく批判した人道主義者でありながら、同時に、『國民の創生』（15年）で黒人から投票権を奪うKKKを正義の味方として描いた差別主義者でもあり、アメリカ人そのもののように分裂していて面白い。

野心的大作『滅び行く民族』

しかし、先住民をテーマにした映画では、1925年に作られた『滅び行く民族（The Vanishing American）』を超えるものはないだろう。わずか百十分の上映時間に、12世紀から現代（1910年代）まで八百年におよぶアメリカ先住民の苦難の歴史を詰め込んだ野心的な大作だ。

原作はゼイン・グレイ。西部劇、釣り、野球などを題材にして九十冊以上の本を書き、多くが映画化されたベストセラー作家。監督のジョージ・B・サイツはそれまでは連続活劇の演出家で、『滅び行く民族』が最初の大作になる。

舞台はアリゾナのモニュメント・ヴァレー。『駅馬車』（39年）、『荒野の決闘』（46年）などジョン・フォード西部劇のロケ地として有名だが、最初にそこで本格的なロケを行なった映画は『滅び行く民族』だという。サイツ監督は、40年にも『荒野の勇者キット・カーソン』で再度、モニュメント・ヴァレーでロケしている。

『滅び行く民族』は「社会進化論」で知られるイギリスの思想家ハーバート・スペンサーの引用で始まる。

「この地球の歴史を通じて間違いのない真実は、絶え間ない弱肉強食と適者生存である」

「適者生存」という言葉はスペンサーが1864年に発表した『生物学の原理』で初めて使われ、ダーウィンの進化論に大きな影響を与えた。スペンサーの「社会進化論」は、1925年当時、世界一の経済大国になり「金ピカ時代」と呼ばれる繁栄を享受していたアメリカでも流行していた。「優秀な者が栄え、弱い者が滅びるのは自然の摂理なのだ」と。しかし、この『滅び行く民族』で、スペンサーが引用された理由は、それを称揚するためではない。

ある「予言」

モニュメント・ヴァレーの岩陰から先住民の夫婦と子どもが現われる。

「その岩の陰を、時の初めから、どれだけの種族が歩いたことか」

人々の数は次第に増えていく。彼らはユッカの葉を編んで籠《かご》を作ったので、後に文化人類学者からバスケットメイカーズと呼ばれる。アナサジ（古代人）という呼び方もある。

１２００年代、アナサジは岩山を掘削して、家を作るようになった。モニュメント・ヴァレー近くにはキート・シールとベタタキンというふたつの岩窟住宅があり、それぞれ百前後の部屋に百五十人ほどが暮らしていたと言われる。この高層集合住宅はプエブロ（街）と呼ばれ、そこに住む人々はプエブロアンと呼ばれる。

プエブロアンはトウモロコシを栽培し、七面鳥を飼って暮らす農耕民だった。プエブロは外敵から見つかりにくい要塞《ようさい》でもあったので、プエブロアンは百年以上続く平和と豊かさの中で安穏としていた。

しかし、１４００年代、プエブロは、北から南下してきた戦闘的な狩猟民族に侵略される。この要撃戦は、下から迫る敵をハシゴごと転落させたり、岩を落としたり、熱湯をかけたりの大スペクタクルだ。

追い詰められたプエブロアンの祭司は自殺する前に予言を遺す。

「今回はお前たちの勝ちだが、いつかお前たちも、より強い敵に滅ぼされる日が来る」

このとき、侵略されたアナサジの子孫が現在のホピ族と言われ、征服した種族は現在のナヴァホ族になる。

ナヴァホの苦難

１５４０年頃、予言どおり、より強い敵がやって来た。白人だ。スペインのコンキスタドール（探検家）、フランシス・ヴァスケス・デ・コロナド率いる探検隊が「七つの黄金都市」を求めてメキシコから北上してきた。このとき、初めて馬と銃を見たナヴァホの人々は、雷《いかずち》を吐き出す銃の威力を畏《おそ》れ、白人の足元にひれ伏す。

１８４８年、アメリカは米墨戦争でメキシコからテキサス以西の州を奪い取り、アリゾナにも入植、ここからナヴァホ族との長い戦い、いわゆるナヴァホ戦争が始まる。アメリカ軍はナヴァホ族の畑と作物を焼き、家畜を殺す作戦で、彼らを飢えさせた。消耗したナヴァホ族は、１８６３年7月20日、アメリカ軍のキット・カーソン大佐に降伏した。

カーソンはナヴァホに「君たちの土地や財産は守る」と約束したが、それはすぐに破られた。１８６４年、九千人のナヴァホ族は四百八十キロ離れたニューメキシコのサムナー砦に強制移住させられた。「ロング・ウォーク」と呼ばれる過酷な旅の途中で二百人が死亡、移住先も農耕に適さない土地で不作に苦しみ、餓死者が続出。アメリカ政府も四年後にアリゾナに帰る許可を出した。

しかし、ナヴァホの苦難はまだ始まったばかりだ。

ここからが『滅び行く民族』の本筋、現代（1910年代）を舞台にした、ナヴァホの若きリーダー Nophaie の物語になる。

白人のやりたい放題

主人公 Nophaie（サイレント映画なので発音がわからない）を演じるのは、白人の二枚目俳優リチャード・ディックス。当時のハリウッドでは有色人種に主演させることはなかった。黒人やアジア人が主役の物語でも白人がメイクをして演じた。それでも、ディックス以外のナヴァホ族はみんな先住民が演じている。アパッチの戦士ジェロニモの孫も出演している。

20世紀、ナヴァホ族は居留地の痩せた土地でトウモロコシを栽培し、羊を飼って細々と暮らしていたが、白人たちによる家畜泥棒が絶えなかった。駐在する連邦政府の代理人はナヴァホのためには何もしてくれない。しかも、代理人補佐のブッカーはナヴァホ族を蹴るわ、馬泥棒に加担するわ、白人の傲慢さを集約したような悪党だ。

馬を盗まれた少年ナスジャは絶望する。

「ナスジャは幼くして学んだ。白人はやりたい放題で、インディアンはただ、それを見て、耐えるだけ」

そして、ＤＶＤの副音声解説のように、こんな字幕が入る。

「ナスジャを演じる子どもはマン・ハンマーの長男。彼が何かをして部族に認められるまでは名前がない」

先住民の名前は、その人の特性によってつけられる。マン・ハンマーはきっと、金槌《かなづち》のように頭が硬いとか、そういう理由で名づけられたのだろう。

ナスジャはナヴァホのリーダー、Nophaie に馬泥棒のことを相談する。「連邦の代理人に訴えても無駄だ。彼は何もしてくれない」Nophaie はナスジャに言う。「砂漠の白バラに話してみよう」

自分の命を捨てた者だけが……

砂漠の白バラとは、白人の若く美しい女性教師マリオンに先住民がつけた名前だ。連邦政府は、先住民の子どもたちを学校に通わせ、英語とキリスト教を教えていた。授業の前に、子どもたちは星条旗に向かって忠誠を誓わされる。これは先住民の文化を滅ぼす同化政策だとして文化多元主義の立場からは批判されることになるが、マリオンはナヴァホを同じ人間として尊重する人物で、彼らからも信用され、慕われている。

マリオンは Nophaie にも聖書を読ませていた。

「白人の神の本に出てくる昔の王様たちの戦争の歴史は興味深いですね」彼は言う。ユダヤの民の苦難の歴史にナヴァホのそれを重ねたのかもしれない。

「ただ、ここの文章の意味がわかりません」

それは新約聖書「マタイによる福音書《ふくいんしょ》」十章三十九節。

「もし、あなたが自分の命に執着すれば、あなたはそれを失うでしょう。もしあなたが自分の命を私に差し出すならば、あなたはそれを見つけるでしょう」

自分の命を捨てた者だけが永遠の命を得る、そんな意味をマリオンはすぐには説明できないが、Nophaie は自ら、この一節を生きることになる。

マリオンと Nophaie は思わず見つめあう。ふたりの間には明らかに愛が芽生えていた。当時は、白人の男が先住民の女性と結婚するのは珍しくなかったが、その逆は許されず、「淫《みだ》らな女」の烙印《らくいん》を押された。

Nophaie は典型的な「高貴な野蛮人（Noble Savage）」として描かれている。野生でありながら、心は白馬に乗った騎士なのだ。ハンサムで逞《たくま》しい先住民の男性と白人のお嬢様の禁断の愛は、昔も今も、ハーレクイン・ロマンス的なメロドラマの定番だ。

そこに悪い白人ブッカーが登場する。インチキくさい口髭《くちひげ》のブッカーは、清楚《せいそ》なマリオンにいやらしく迫り、抱きしめ、キスしようとする。もちろん「高貴な野蛮人」Nophaieは、「野卑な文明人」ブッカーをガツンとぶちのめす。

「あの野郎、殺してやる」ブッカーは、白人に逆らい、マリオンと仲が良すぎるNophaieが前から邪魔だった。ブッカーはポッシー（Posse＝犯罪者を狩りたてる自警団）を呼集し、「マリオンはインディアンの男といちゃついていた」とデマを流して、Nophaieを追いたてる。

なぜ先住民たちは軍隊に志願したのか

Nophaieが逃亡している間に、首都ワシントンからラムズデル大尉という軍人がやって来る。ヨーロッパでは第一次世界大戦が始まっていた。スピルバーグ監督作『戦火の馬』（2011年）にも描かれたように、当時の兵站《へいたん》は馬に依存していた。16世紀にスペイン人がヨーロッパから運んできた馬は先住民によって家畜化されていた。ラムズデルはその馬を徴用しにきたのだ。

「大尉はインディアンのことを何もご存じない」ブッカーが嘲笑《あざわら》う。「反抗的なあいつらが、合衆国のために馬を供出するはずがないですよ」

お前のようなクズ白人のせいで、先住民は白人が信じられなくなったんだよ！

「いいえ、ひとつだけ方法があります」マリオンが言う。「Nophaie を説得するんです。ナヴァホは彼に従います」

さっそくマリオンは逃亡中の Nophaie に会って懇願する。

「お願い、アメリカを助けて。悪いのはブッカーであって、アメリカ政府じゃないわ。ここはあなたの国なのよ。あなたは私たちみんなと同じアメリカ人なのよ」

「アメリカ人？ このおれが？」なら、なぜこんなにひどい目にあわされるんだ？

「この戦争は自由のための戦いなのよ。すべての抑圧された人々のための戦いなの！」

抑圧され、自由を求める者として心が動いたのか、マリオンへの愛ゆえか、Nophaie は部族の馬を集めてラムズデル大尉に差し出す。それだけじゃない。

「おれたちは戦場に行く。アメリカ人だから」兵役に志願する Nophaie。「おれたちが戦って、命を捧《ささ》げれば、この国はおれたちを公平に扱ってくれるだろう」

実際、ナヴァホに限らず、多くの先住民が志願した。特に戦闘的な部族の男たちは戦士として生まれ、戦いで死ぬことこそが男子の名誉だった。それが居留地に閉じ込められ、何十年も男の誇りを奪われてきたのだから兵役は一種の解放だった。

出征の日、Nophaie にマリオンはポケット版の新約聖書を手渡す。

「ありがとう。死ぬまで身につける」

そして誇らしげに星条旗を高く掲げ、部族の男たちを率いて、戦場へと赴く。

「さようなら！　砂漠の白バラ！」

それを見送るマリオンは、思わず本音をつぶやく。

Nophaieは「アメリカ人」として白人たちに馬を差し出し、自らも軍に志願する
©John Springer Collection/gettyimages

「可哀《かわい》そうに……。白人のために命を捨てに行くなんて！」

　ナヴァホの戦士たちが送られたのはフランスのソンム。『戦火の馬』でも描かれた、第一次世界大戦中の最も悲惨な戦場のひとつだ。機関銃と榴弾砲《りゅうだんほう》、毒ガスの中、銃剣突撃を繰り返す塹壕戦《ざんごうせん》。敵に包囲されて動けない白人の兵士がいる。救出に行くべきか。Nophaieは胸ポケットの新約聖書に触れる。

「自分の命を差し出すならば、あなたはそれを見つけるでしょう」

　砲弾の嵐の中に飛び出すNophaie。助け出された白人はただ「ありがとう」とつぶやくばかりだった。

第二次世界大戦では日系人も兵役に志願した。彼らも先住民と同じくアメリカの敵として荒野の強制収容所に押し込められていた。そして「アメリカから国民として扱ってもらうため」に戦場に向かったのだ。

日系人部隊と同じく、ナヴァホの戦士たちも自分たちの尊厳のため、勇敢に戦い、多大な犠牲を出し、手や、足を失って、故郷に戻って来た。しかし英雄を歓待する者はどこにもいない。それどころか、男たちの留守中にあのブッカーが戦時中のドサクサに紛れて連邦代理人に任命され、ナヴァホの畑を「農業試験場」という名目で没収していた。日系人も収容所から解放されて故郷に戻ると家も土地もすべて奪われていたが、まったく同じである。

また、白人どもに騙《だま》された！

グレート・スピリットと聖書

「ついでに、いいことを教えてやろう」ブッカーが意地の悪い笑みを浮かべてNophaieに告げる。「マリオンはラムズデル大尉と結婚してワシントンに引っ越したよ」

砂漠の白バラもしょせん白人、おれたちを利用しただけだったのだ！

片目を失ったナヴァホの戦士のひとりは、白人に追い出され、空家となった我が家に家族の幻を見る。この家は、西部劇によく登場するティーピー（テント）ではなく、木を組んだ骨組みに土を盛ってドームにした「ホーガン」と呼ばれるナヴァホ独特の家になっている。この映画の考証は後のハリウッド映画よりも正確だ。

ナヴァホの女たちは草も生えない荒野に放逐《ほうちく》されていた。しかも、ブッカーの家に家政婦として雇われた人妻はブッカーにレイプされ、その屈辱で自害した。

「もう沢山だ！　ブッカーを殺す！」

ナヴァホの戦士たちは銃を持って蜂起した。

「やめろ、事態が悪化するだけだ」Nophaie は止めようとする。実際、ナヴァホ族は何度も反乱を起こしてきたが、そのたびに弾圧がひどくなるだけだった。しかし、もう誰も Nophaie には従わない。お前の言うことを聞いて戦場に行ったのに、何もいいことはなかった！

「白人たちはおれたちを少しずつ滅ぼそうとしている。その前に自ら戦って誇り高く死のうじゃないか！」

戦いの前のウォーダンスが始まった。興奮した彼らはもう止められない。Nophaie はひとり、聖地ウィンドー・ロック（アーチ状の岩）に登り、先祖伝来の神に祈りを捧げる。

「グレート・スピリット（偉大なる聖霊）よ、我らの民族を救い給《たま》え」

しかし、白人の文化に染まってしまった彼は素朴に祖先の信仰に戻ることができない。イノセンスはすでに失われてしまった。

「こんなもの！」と、ポケットの聖書を投げ捨てようとするが、捨てられない。砂漠の白バラへの未練なのか。

他にどうしようもない。Nophaie は白人入植者の町に先回りしてナヴァホの襲撃を知らせる。そこにはマリオンがいた。

「私は結婚なんかしてないわよ」

ブッカーの嘘にすぎなかったのだ。ホッとしたのもつかの間、ブッカーはマシンガンを用意し、逆にナヴァホ族を皆殺しにしようと待ち構えていた。

町に突入してきたナヴァホの軍団が銃や弓矢を乱射する。

「やめろ！」

飛び出したNophaie が仲間の銃弾に倒れる。驚いた戦士たちは銃撃をやめる。弾丸はNophaie の胸の聖書を貫いていた。そこには「マタイによる福音書」十章三十九節。

「自分の命を差し出すならば……」

息を引き取るNophaie を抱くマリオン。その姿は、人類の罪を背負って死んだキリストを抱くマリアに見える（マリオンはマリア由来の名前）。

この映画でマリオンは白人の良心を象徴し、その罪のすべてを背負っているのはブッカーだ。彼は戦闘中に弓矢で喉を射抜かれ、観客にうわべだけのカタルシスを与える。

この悲劇は、雄大なモニュメント・ヴァレーの景観と字幕で締めくくられる。

「民族は来《きた》りて、また去っていく。変わらないのは風景だけだ」

ナヴァホ国の行く末

『滅び行く民族』公開後もナヴァホの苦難は続いた。

１９３０年代、連邦政府のインディアン局は「ナヴァホ家畜削減」なる政策を実行した。ナヴァホの生活を支える羊や山羊《やぎ》を「多すぎる」という理由で大量に強制処分したのだ。これは「少しずつ滅ぼしていく」作戦以外の何物でもない。

第二次世界大戦になると、米国政府はまたしても先住民に協力を強いた。部族語を使ったコード（暗号）によって無線連絡させるためだ。ナヴァホからは四百人が従軍した。日本軍は彼ら「コード・トーカー」の会話を解読することができず、大いに悩まされた。コード・トーカーの存在は６８年まで機密とされ、８２年まで、その栄誉を讃《たた》えられることもなかった。

しかし、６８年、ナヴァホはついに自治権を獲得した。アリゾナ、ユタ、ニューメキシコにまたがる七万一千平方キロの土地が「ナヴァホ国（Navajo Nation）」とされ、ナヴァホ族は独自の法律、議会、警察、国旗を持ったのだ。

2000年、筆者は自動車で、モニュメント・ヴァレーを訪れた。砂漠を真っ直《ま》ぐ《す》に走るハイウェイに立つ「ここからナヴァホ国」の看板は誇らしげに見えた。ナヴァホ族は今も貧しい。彼らはあまりに多くのものを奪われた。だが、11年の国勢調査では全米で人口三十万を超え、今も増え続けている。

映画『滅び行く民族』は考証の正確な映画だ。ひとつ大きな間違いがあるとするなら、その題名だけだ。

第3章

『空軍力による勝利』

Victory Through Air Power

ディズニー・アニメが東京大空襲を招いた？

1943年
監督　ジェームズ・アルガー
クライド・ジェロミニ
ジャック・キニー
H・C・ポッター
脚本　パース・ピアース他
出演　アレクサンダー・P・デ・セヴァルスキー

ドナルド・ダックはナチス・ドイツの国民だ。

カギ十字の腕章をつけて、朝から晩まで「ハイル・ヒットラー！」の繰り返し。仕事は兵器工場で弾薬を作ること。ベルトコンベアーの動きに追いつけなくて、『モダン・タイムス』（1936年）のチャップリンみたいにブチ切れる。

汗をびっしょりかいて目覚めたドナルド。「なんだ、夢か」

でも、そこには「ハイル」と右手を上げて敬礼する人影が……。助けてくれ！　と思ったら、それは自由の女神像の影だった。ドナルドは女神像を抱きしめて言う。

「ドイツに生まれなくてよかった！」

日本人が知らないディズニー・アニメ

これは1943年にディズニーが作った『総統の顔（Der Feuhrer's Face）』というアニメ。

第二次世界大戦中、ハリウッドは敵国ドイツと日本への戦意を高揚する映画を作って国策に協力した。ドナルドだけでなく、バッグス・バニーやポパイ・ザ・セーラーマンもヒットラーや、吊《つ》り目《め》に眼鏡《めがね》に出っ歯にフンドシの日本兵と戦っている。

　どのアニメも敵に対する偏見に満ちている。ディズニーの『死の教育（Education of Death)』（43年）というアニメでは、ナチスが書き替えた「眠れる森の美女」が描かれる。眠れるお姫様はワルキューレで、彼女を眠らせた魔女は「民主主義」。そして白馬に乗って現われる王子様はチョビ髭のヒットラー。いくらナチスでもそんなアホな話はないよ。

　戦意高揚アニメに登場する日本兵はいつも「でもましたけどれめます」などとデタラメな日本語をしゃべる。昔のタモリの芸みたいだが、特に問題なのがディズニーの『空軍力による勝利（Victory Through Air Power)』（43年）だ。これは2004年にアメリカでDVD化されたが、ディズニーはけっして日本では発売したくないだろ

『総統の顔』でドナルド・ダックは壁に貼られた日独伊指導者の写真に敬礼をする

う。

『空軍力による勝利』は日本やドイツへの敵意を煽る内容ではない。一般の国民に向けて作られた映画ではない。そればかりか政府からの依頼や命令で作った映画ですらない。逆に、ウォルト・ディズニーが、政府や軍に対して、長距離爆撃機による敵国本土への戦略爆撃の必要性を訴えるために作ったアニメーションなのだ。

新しい戦争の「予言」

『空軍力による勝利』は、「アメリカ空軍の父」と呼ばれるビリー・ミッチェルへの献辞から始まる。

ミッチェルは第一次世界大戦にパイロットとして活躍し、戦後は陸軍航空隊の副司令官を務めた。生前に撮影されたフィルムでミッチェルはこう訴える。

「今日、戦争は大きく変わりました。空軍力こそが軍事作戦の中心です。航空機は敵の中心部に直接飛んでそれを無力化できます。都市を破壊し、水路を破壊し、通信網を破壊し、食料の供給を断ち、敵国民の抵抗を不可能にします」

当時、アメリカにおいて、航空機はあくまで陸軍や海軍を援護する役割だった。ミッチェルは、「どんな巨大戦艦も航空戦力によって沈めることができる」「地上の要塞は航空機からの攻撃には弱い」と主張したが、陸海軍はそれを侮辱と捉え、ミッチェルを軍法会議にかけ、除隊に追い込んだ。

「今まで戦争にはふたつの力しかありませんでした。陸軍と海軍です。しかし現在は空軍という新しい力があります。それを最初に主張したのは、イタリアのジュリオ・ドゥーエ、そしてアメリカのビリー・ミッチェルでした」

ミッチェルの写真の横に立ち、ロシア訛《なま》りの英語で話す、スーツを着た中年の男。彼こそ、この映画の原作である『空軍力による勝利』（1942年）の著者、アレクサンダー・P・デ・セヴァルスキー（英語読みセヴァースキー）だ。

セヴァルスキーは第一次世界大戦で、帝政ロシア軍のエース・パイロットとして活躍したが、17年のロシア革命でアメリカに亡命、アメリカ

「アメリカ空軍の父」ビリー・ミッチェル
©Everett Collection/amanaimages

軍に入隊してミッチェルの薫陶《くんとう》を受けた。除隊後は飛行機製造会社セヴァルスキー・エアクラフト・カンパニーを設立、自らテスト・パイロットを務めながら、新型軍用機を開発。その傍《かたわ》ら、ミッチェルの遺志を継いで、空軍設立の必要性を訴えていた。しかし、頑迷な陸海軍から相手にされないまま、セヴァルスキーとミッチェルの予言は最悪の形で的中する。

41年12月8日（日本時間）、日本軍の航空部隊が真珠湾に停泊中の米太平洋艦隊を急襲。あっという間に戦艦四隻他を沈没させる大成果を上げた。日本軍はさらにその二日後、マレー沖で、英国海軍が「世界最強」「不沈艦」と誇った戦艦プリンス・オブ・ウェールズを、雷撃機と爆撃機による空からの攻撃だけで撃沈したのだ。戦闘中の主力戦艦が航空機からの攻撃だけで沈んだのは史上初のことだった。

「ナチびいき」と言われたディズニー

セヴァルスキーはすぐに『空軍力による勝利』を書き上げ、1942年に出版した。これを読んで感銘を受けたのは意外にも、楽しいアニメーション映画を作っていたウォルト・ディズニーだった。

ディズニーは熱烈な愛国者だった。組合のストライキをきっかけに社会主義を恐れるようになり、戦後はマッカーシーのアカ狩り（本書第13章）に協力し、ソ連への強硬路線を打ち出した共和党のゴールドウォーター候補を支援した。

戦前、ディズニーは親ナチであり、ヒットラーの下でナチ党大会の記録映画『意志の勝利』（35年）を作ったレニ・リーフェンシュタール監督をアメリカに招いた。彼女が渡米する前にユダヤ人への弾圧事件「クリスタル・ナハト（水晶の夜事件）」が起こったが、ディズニーは招聘《しようへい》を中止しなかった。そのため、ディズニーは反ユダヤでナチス・シンパだという悪評がつきまとった。

その後アメリカはナチとの戦争に参加、ディズニーはドイツへの空爆を主張する『空軍力による勝利』に深く同意した。そして「この説をより広い層に浸透させるため」、アニメーション映画化を企画したのだ。

この本を読む前から、ディズニーは航空機についてのアニメを作りたがっていたらしい。その前に作った『ダンボ』（41年）でイジメられっ子だったダンボが大きな耳で空を飛べるようになって、空中からの攻撃で一気に形勢が逆転するのと関係があるかもしれない。

ディズニーは、まず軍部に資金援助を打診した。しかし、「陸海軍は時代遅れだ」とする本の映画化に軍が協力するはずがない。そこで、ディズニーは自分の懐から製作費七十八万八千ドルを出した。『ダンボ』が九十五万ドルだから、これは立派な予算だ。

スタッフには『白雪姫』（37年）や『ファンタジア』（40年）、『ダンボ』（41年）、『バンビ』（42年）のアニメーターを投入した。

いつもディズニーの長編アニメ映画を配給していたRKOラジオ・ピクチャーズは利益が見込めないという理由で『空軍力による勝利』の配給を断った。代わりに配給を引き受けたのはユナイテッド・アーティスツ社だった。ナチス・ドイツとの戦いを主張していたチャーリー・チャップリンが設立した映画会社である。

空軍の時代が始まった

『空軍力による勝利』の第一部は飛行機の歴史。1903年、ライト兄弟がわずか十二秒間飛行してからほんの四十年間で航空機は驚くべき進化を遂げた。英仏海峡横断、空母からの離着陸、アメリカ大陸横断……。

飛行機がまだフライング・マシンと呼ばれていた時代の描き方はのどかでユーモラス、『素晴らしきヒコーキ野郎』（65年）みたいで楽しい。

第一次世界大戦当初、戦争における飛行機の役割は偵察だけで、敵国の軍用機と遭遇しても、敬礼を交わして紳士的にすれ違っていた。ところが、ある日、敵機に上空からレンガを落とした者がいた。それは拳銃の発砲にエスカレート。マシンガンを積み込んだが、自分のプロペラを撃って墜落してしまう。笑えるアニメはここまで。プロペラとマシンガンの同期システムが作られると、空も血で血を洗う戦場になる。ディズニー・アニメとはいえ、劇画のようなリアルなタッチなので、生々しい。

第二次世界大戦が始まった。フランスがドイツとの国境に築いた要塞、マジノ線は難攻不落と言われたが、ドイツ軍はこれを迂回《うかい》してフランスに侵入した（この映画ではトーチカは空からの爆撃には無力）。フランスを降伏させたドイツは爆撃機でイギリス本土を攻撃、歴史に残る大空中戦「バトル・オブ・ブリテン」が始まり、英国は戦闘機スピットファイアでドイツ軍を撃退した。戦争はついに空軍の時代に入った。

戦略爆撃のススメ

このディズニー・アニメにはミッキー・マウスもドナルド・ダックも登場しない。主人公はセヴァルスキーだ。彼は地図やグラフを駆使して、枢軸国との戦い方をシミュレーションしていく。

セヴァルスキーはドイツの防衛圏をヨーロッパの大地に広がる車輪になぞらえる。外側から外輪をいくら叩いても、車軸からの補給ですぐに立ち直る。日本は南太平洋の小島に拠点を持っているので、何本もの足を広げたタコになぞらえる。足の先をひとつずつ攻撃しても、本体には届かない。その間にアメリカ、イギリスの連合国の戦死者は日々増えていくだろう。

「戦死者を最小限に抑えるには、敵の本土中心部を、直接爆撃することです」

セヴァルスキーは断言する。車輪ではなく車軸を潰せ、タコの足ではなく、頭を叩け。武器を作る工場を破壊しろ、と。前線を飛び越えて敵国の都市を直接叩く戦略爆撃のススメだ。

そのためには、空母で運べるような小さな爆撃機では弱すぎる。十トン級の大型爆弾を搭載し、航続距離がケタ違いに長く、全方位を射撃できる回転銃座を装備した、空飛ぶ要塞のような長距離巨大爆撃機が必要だ。

「ドイツや日本はすでに長距離爆撃機の開発に入り、アメリカ本土を狙っている。遅れを取るな。攻撃は最大の防御だ！」

『空軍力による勝利』は1943年7月にアメリカで劇場公開されたが、興行的にはふるわなかった。しかし、もともと、一般の観客はどうでもいいのだ。

ディズニーは『空軍力による勝利』のフィルムを、近代広告の父と呼ばれるアルバート・ラスカーを通じて、英国のチャーチル首相に送り届けた。チャーチルはこれを観て、非常に感銘を受けたという。

ラスカーはフランクリン・D・ローズヴェルト大統領にも『空軍力による勝利』を勧

め、セヴァルスキーと会わせようとしたが、大統領の軍事顧問だったウィリアム・リーヒによって阻止された。海軍提督であるリーヒはセヴァルスキーの戦略爆撃論を嫌っていた。

『空軍力による勝利』公開の一カ月後の8月17日、カナダのケベックを英国のチャーチル首相が訪れ、アメリカのローズヴェルト大統領と会談した。その際、チャーチルは『空軍力による勝利』を話題に出したが、ローズヴェルトは未見だった。さっそくフィルムが取り寄せられ、試写が行なわれた。

すでにチャーチルは一カ月前にドイツのハンブルクを猛爆撃していた。アメリカも、42年4月にジミー・ドーリトル中佐が東京に小規模な爆撃を敢行していた（使われたのはミッチェルの名を冠したB25爆撃機）。また、スーパーフォートレス（超要塞）の異名を持つ長距離大型爆撃機B29の開発もすで

日本軍の勢力図が描かれた地球儀を前に説明するセヴァルスキー

に始まっていた。だから、『空軍力による勝利』がローズヴェルトとチャーチルにどれほど大きな影響を与えたかはわからない。

東京大空襲と重なるクライマックス

ただ、断じてゼロではない。

この後、英国軍は、「ディズニー爆弾（Disney Bomb）」なるものを開発、実戦に投入した。細長い爆弾で、高高度から投下すると垂直に落ちながらロケットで推進し、時速千五百キロを超えて、コンクリートで作られた敵の防空壕を貫通する、いわゆるバンカー・バスターだ。これは『空軍力による勝利』の中で、Uボート基地を破壊する手段として提案されたので「ディズニー爆弾」と呼ばれた。

『空軍力による勝利』のクライマックスは、アラスカに築かれた基地から離陸する長距離大型爆撃機による東京大空襲だ。大量の爆弾が東京の軍事工場を徹底的に破壊する。日本というタコの頭を破壊した白頭ワシ（米国の象徴）が地球の上に舞い降りて、映画は終わる。

この東京大空襲は、1945年3月に現実になった。違うのは爆撃機がアラスカではなくマリアナ諸島から飛び立ったことと、民間の非戦闘員に十万人とも言われる死者が出たことだ。

戦略爆撃を最初に始めたのは、枢軸国側だと言われる。37年4月、スペイン内戦でファシストのフランコ将軍は同盟国ナチス・ドイツに依頼して、敵対する民主勢力の拠点ゲルニカを爆撃させた。同じ年の8月、日本軍は中国の南京《なんきん》や重慶《じゅうけい》を爆撃した。両方とも非武装の一般市民を大量に殺したので、国際的非難を浴びた。

『空軍力による勝利』には、ゲルニカや重慶のことは出てこない。セヴァルスキーは、敵の都市爆撃は自軍の死傷者を減らすのが目的だと何度も繰り返すだけで、敵民間人の被害については一言も論じない。しかし、このディズニー・アニメがアメリカ軍の戦略爆撃に何らかの影響を与えたのであれば、広島、長崎への原爆投下ともけっして無縁とは言えない。

ディズニーによってシミュレートされた東京大空襲

セヴァルスキーに敵対していたリーヒ提督は、回想録でも原爆投下を批判している。
「女子どもを殺して戦争に勝ったとは言えない」と。

第4章

『光あれ』

Let There Be Light

1946年
監督　ジョン・ヒューストン
脚本　ジョン・ヒューストン
ナレーション　ウォルター・ヒューストン

封印されたジョン・ヒューストンのPTSD映画

砲は鳴りやみ
講和条約は結ばれた
地球を覆《おお》う海原は
故郷に帰る兵士たちを乗せた船で満たされた
兵士たちはずっとこの日を待ちわびていた
（中略）
しかし、兵士によっては夢見たものとは違う帰郷になった
ある者は、松葉杖《まつばづえ》や包帯、添え木など、痛みのしるしを身に着けていた
また、ある者は外からは見えないが
たしかに傷ついていた

『光あれ』冒頭のナレーションより

ＰＴＳＤの実態を記録した作品

ポール・トーマス・アンダーソン監督の『ザ・マスター』（２０１２年）には、海軍

の水兵だった主人公フレディ（ホアキン・フェニックス）が、除隊に際して精神鑑定のような面接を受けるシーンがある。ロールシャッハ・テストで、インクの染みを見せられたフレディは何を見ても女性器に見えると言うので笑ってしまうが、アンダーソン自身によると、このシーンは、『光あれ』（１９４６年）を基にしているという。

『光あれ』は、巨匠ジョン・ヒューストン監督が軍の依頼を受けて製作した記録映画だ。ところが、完成した作品を観た軍の上層部は上映を禁止し、８１年にカンヌ映画祭で上映されるまで、三十五年間も封印されていた。現代で言うところのＰＴＳＤ（Post-traumatic stress disorder＝心的外傷後ストレス障害）、戦争による精神の後遺症の実態を記録していたからだ。

ナレーションは監督の父である名優ウォルター・ヒューストン。「平和に育ち、戦いはいけないことだと教えられ

ヨーク軍曹（ゲーリー・クーパー）は聖書の教えと兵役義務の矛盾に苦悩する
©Bettmann/gettyimages

て育った若者たち」が、いきなり人を殺さねばならない状況に放り込まれることで心に傷を負うのだと語る。このナレーションは、ジョン・ヒューストンが『マルタの鷹《たか》』（41年）の前に脚本に参加した『ヨーク軍曹』（41年）を思い出させる。

『ヨーク軍曹』は、第一次世界大戦の英雄アルヴィン・ヨークを主人公にした実録もので、ヨークはテネシーの森で鍛冶屋や鉄道工夫、木こりなどをしながら自給自足で暮らす素朴で無学な田舎者《いなかもの》で、酒とケンカに明け暮れていたが、聖書と出会い、生涯、非暴力を誓う。彼は第一次世界大戦で徴兵されたが、宗教的信条に従って「良心的兵役拒否」を申請しようとする。しかし、彼の射撃の才能を惜しんだ上官によって説得される。そこでヨークの心を変えたのは「マタイによる福音書」の「皇帝のものは皇帝に」という一節（二十二章二十一節）だった。キリストが納税の義務を説いた言葉だが、国家への服従を意味していると解釈されることが多い。フランスの戦場に赴いたヨークは、ドイツ軍の機関銃陣地をエンフィールド・ライフルとコルト45自動拳銃だけで制圧し、二十八人ものドイツ兵を射殺し、百三十二人を捕虜にして、勲章を授けられた。『ヨーク軍曹』の一般公開から三カ月後に第二次世界大戦が始まった。『ヨーク軍曹』は全米で上映され続け、「汝《なんじ》、殺すなかれ」という聖書の教えと兵役の義務の間で悩むアメリカ人たちを説得するプロパガンダとして機能した。

しかし、実際は、神を信じる素朴な若者がいきなり、憎んでもいない見ず知らずの人々を殺させられたのだから、無垢な心は簡単に傷ついた。まさにトラウマ（傷）を負ったのだ。

戦場に心を縛られた若者たち

「負傷兵の二割が精神に問題を抱えた」と『光あれ』の冒頭の字幕に出る。軍の映画だから事実に相違あるまい。そして「このフィルムは俳優による再現などではなく、すべて本物の兵士を記録している」と宣言される。

ロングアイランドの病院に七十五人の兵士が集められ、「これからの治療はフィルムに記録される」と説明される。最前列に、ピクピクと全身を痙攣《けいれん》させる兵士がいる。

兵士ひとりひとりに対して、面接が始まる。『ザ・マスター』で再現されたシーンだ。ひとり目は、目が虚《うつ》ろで、言葉もモゴモゴして

軍医のカウンセリングを受ける若い兵士

はっきりしない。

「何があったのかね？」面接官に尋ねられた兵士は「私は殺されました」と答える。

「殺された？」

「塹壕に入っていたら、敵の爆撃機から爆弾が」

そう言いながら、兵士の目は何もない宙を見て、急に怯える。まるで落ちてくる爆弾が見えるように。

「ここはアメリカだ。戻って来たんだよ」と言われても兵士は「はい、自分は帰って来たんだと言われました」と答える。でも、安全な故郷に帰った実感はないようだ。彼は自分がどこにいるのかも、生きてるのか死んでるのかも曖昧らしい。最初からいきなり強烈な症例だ。

次の兵士は面接の間中、ずっと下を見たまま、面接官と目を合わせない。

「相棒と一緒に斥候《せっこう》に出たんです。僕とあいつは同じ部隊の最後の生き残りでした。あいつは砲撃を食らって、僕は医療兵を呼んだのですが、誰も来なくて……」

絶句する兵士。「大丈夫か？」と尋ねられて兵士は「大丈夫です」と答えるが、とてもそうは見えない。「自分のことはどうでもいいんです。あそこ（戦場）でずっとあいつと一緒にいたいんです」

彼もまた戦場に心が縛られて動けないのだ。

戦闘中に負傷した英雄に授けられるパープルハート勲章を、ポケットのフラップで隠している兵士がいる。

「なんで隠す？　誇りに思うべきじゃないのか？」

そう言われても兵士は苦笑いするだけ。彼はヨーロッパ戦線でドイツ軍と戦った。

「13日の金曜日でした。ドイツ兵が壁の向こうからパンツァーファウスト（携帯式対戦車擲弾筒《てきだんとう》）を撃ったんです」

「殺されるところだった？」

「私は倒れて……戦友は死んで……」

「それから君はどうなった？」

「何もやる気がしないんです」

「これはまるで反戦映画だ！」

アメリカが第二次世界大戦に参加すると、ハリウッドの映画監督たちも政府に協力して、戦意高揚のための記録映画を撮影した。ジョン・フォードが海軍に従軍して撮った『ミッドウェイ海戦』（１９４２年、貴重なカラーフィルムだがわずか十八分）や、フランク・キャプラが陸軍省に依頼されて日本について解説した映画『汝の敵を知れ

（Know Your Enemy - Japan）』（45年）が有名だ。『シェーン』（53年）のジョージ・スティーヴンス監督もヨーロッパ戦線に映画班として参加。サミュエル・フラーやラス・メイヤーとともにノルマンディ上陸作戦やユダヤ人絶滅収容所を記録した。この三人の監督の戦後の映画の暴力描写がリアルで強烈なのは、その体験からだと言われる。

ジョン・ヒューストンはハンフリー・ボガートの『マルタの鷹』で監督としてデビューしたが、その公開から二カ月後に真珠湾が日本軍に奇襲されると、軍に入り、三本の記録映画を作った。一本目は、アラスカのアリューシャン列島を侵略した日本軍との戦いを描くカラー映画『アリューシャンからの報告』（43年）、二本目はイタリアの山岳地帯でのドイツ軍との激戦を描く『サン・ピエトロの戦い』（44年）。これでヒューストンとカメラマンは、敵と対峙《たいじ》する兵士と同じ位置まで前進し、周囲に榴弾が炸裂《さくれつ》する中で決死の撮影を行なった。

『サン・ピエトロの戦い』で衝撃的なのは、戦死者たちの姿である。死体、死体、死体……。戦時中のプロパガンダ映画として、これほど味方の戦死者が映し出されるものは珍しい。軍の内部でも「これはまるで反戦映画だ！」と怒る者と「この恐怖を観れば、新兵は真剣に訓練するだろう」と擁護する者との間で論争になったという。朝鮮戦争のとき、徴兵されたクリント・イーストウッドは訓練中にこの映画を観ている。

ドイツ軍は山間《やまあい》の寒村サン・ピエトロを陣地にして、米軍を迎え撃ったが、ついに陥落する。しかしヒューストンは単なるアメリカの勝利では終わらせない。戦場にされた村がどうなったかを映し続ける。砲撃と空爆で、村は完全に瓦礫《がれき》の山と化していた。巻き添えを食った村人たちの遺体が掘り出され、村の女たちが泣いている。家や家族を失った幼い子どもたちは煤《すす》けて真っ黒な顔と虚ろな眼《め》でカメラを見つめる。

「この記憶も、子どもたちはすぐに忘れてしまうだろう」

とナレーターは言うが、本当にそうだろうか？

『光あれ』は戦場を忘れられない兵士たちの記録だ。あまりにも辛すぎて忘れてしまった兵士もいる。彼は自分が誰なのかも、何も思い出せない。精神科医は、彼に薬物を投与して催眠治療を試みる。

「君は今、沖縄にいる。何を見た？」

「伏せろ！　と言われました。ジャップが

ＰＴＳＤ治療のために催眠治療を受ける兵士

……」

沖縄で日本軍は民間人をも巻き込んで激しく米軍と戦った。日本軍の命懸けの抵抗で米兵たちに多くの「発狂者」が出たことは有名だ。

催眠治療を受けるもうひとりの兵士は吃音《きつおん》に苦しんでいる。彼は、Sで始まる単語を発音しようとすると言葉に詰まってしまう。なぜなら、Sの音は、ドイツ軍の88ミリ高射砲の砲弾が降ってくるときの音だったから。SSSSSSSSSSS！

『勇者の赤いバッヂ』

戦場で負う心の傷については南北戦争の頃から記録され、第一次大戦に参加したアーネスト・ヘミングウェイも『日はまた昇る』（1926年）や『兵士の故郷』（25年）で帰還兵の心の傷を描いた。第一次大戦時はシェル・ショック（砲弾神経症）と呼ばれ、その後「戦争ノイローゼ」「戦闘疲労」など呼び名は変わったが、深刻な精神病としての認識は確立されなかった。だから、第二次世界大戦中のシチリア島で、ジョージ・パットン将軍は、野戦病院に収容されたPTSDの兵士を「臆病者《おくびようもの》め！」と殴打する事件を起こしてしまったのだ。

作家J・D・サリンジャーもノルマンディ上陸作戦に参加して心に傷を負い、神経衰弱と診断されて病院に入っている。短編『バナナフィッシュにうってつけの日（A Perfect Day for Bananafish)』（４８年）の主人公が突然拳銃自殺する理由は説明されていないが、サリンジャーと同じ戦争後遺症を原因とするのが一般的解釈である。

軍は、そうした心の傷を真摯《しんし》に治療していることを報じるため、ジョン・ヒューストンに『光あれ』の製作を依頼した。映画の後半では順調に治療が進み、最後は八週間の入院期間を終えた兵士たちが陽気に野球を楽しむようになる。プロパガンダ映画だから、最後はハッピーエンドだ。しかし、前半の兵士たちの症状の描写があまりに強烈すぎる。うわ言を口走り、ぶるぶると全身を震わせ、幻覚を見て泣き崩れる兵士たちの悲惨な姿は戦争の勝利や栄光を吹き飛ばす。

『光あれ』を封印されたジョン・ヒューストン監督は『勇者の赤いバッヂ』を作った
©John Springer Collection/gettyimages

「強くあるべきアメリカ兵の弱さを見せるわけにはいかない」と、軍は『光あれ』を精神科医以外に見せることを禁止した。

『光あれ』を闇に葬られたジョン・ヒューストンは五年後の51年、『勇者の赤いバッヂ』で再び戦場の恐怖に取り組んだ。南北戦争を舞台にしたスティーヴン・クレインの小説『赤い武功章』（1895年）の映画化だ。北軍に参加した若者が、初めての戦場で、南軍の突撃に恐怖して、前線から逃げ出してしまう。彼は負傷兵に紛れて後方に逃げようとする。負傷兵たちは服に血痕がついている。その血痕こそが「勇者の赤いバッヂ」だ。主人公は、皮肉にも敵兵ではなく、自分と同じように戦場から逃げ出した兵士に殴られて頭に負傷し、ニセの赤いバッジを獲得し、前線に戻る。最後には、主人公は恐怖を克服して勇敢に敵に突撃していくのだが、この映画では主人公だけでなく、何人もの兵士たちが怯えて逃げ出そうとする。そんなものを描くアメリカ映画は珍しい。

製作会社MGMの社長ルイス・B・メイヤーは『勇者の赤いバッヂ』の脚本を読んだときから映画化に反対した。なにしろ当時は朝鮮戦争の最中《さなか》だ。兵士を鼓舞すべきときに、こんな臆病な映画を作るわけにはいかない。メイヤーは「私はこんな映画を撮る（Shoot）くらいなら、ヒューストンの奴を撃ちたい（Shoot）よ」と言ったといわれる。

ヒューストンは『勇者の赤いバッヂ』の編集が終わると、次作『アフリカの女王』（51年）のロケのためにアフリカに行った。その間にメイヤーは勝手に『勇者の赤いバッヂ』を再編集して、二時間以上あったものをわずか六十九分に縮めてしまった。当時、映画は基本的に二本立てで、二時間ほどあるメインのＡプログラムと、一時間ほどの添え物Ｂプログラムの組み合わせだった（Ｂ級映画は、本来これのこと）。『勇者の赤いバッヂ』は添え物としてひっそり公開され、ヒューストンが編集したバージョンは破棄されてしまった。

二百四十人を殺した英雄

ヒューストンは『勇者の赤いバッヂ』の主人公に、オーディ・マーフィを選んだ。オーディ・マーフィもヨーク軍曹と同じく戦争の英雄だった。テキサスの極貧家庭に育ったマーフィは十七歳で年齢をごまかして軍隊に飛び込み、第二次世界大戦のイタリア、フランス、ドイツと転戦し、二百四十人のドイツ兵を殺傷、最も多くの勲章を受けたアメリカ兵として雑誌「ＬＩＦＥ」に取り上げられ、自伝もベストセラーになった。その自伝は55年に『地獄の戦線』として映画化され、マーフィを彼自身が演じた。

そんな英雄に、臆病な兵士を演じさせたヒューストンはミスキャストだと批判された。しかし、実はマーフィは退役してからずっと重度のＰＴＳＤに苦しんでいた。頭痛、吐き気、悪夢、不眠に悩まされ、睡眠薬中毒になり、いつも枕元に実弾を込めた拳銃を置き、突然、激昂《げっこう》して妻にそれを向けた。記録フィルムで戦争で親を失ったドイツの子どもたちを見て、罪の意識に苛《さいな》まれて号泣し、ギャンブルに逃避して全財産を失い、カッとして人を殺そうとして逮捕された（裁判では無罪）。

故郷に戻って何年経っても、マーフィの精神は安定しなかった。しかし、政府も世間も兵士のトラウマには無関心だった。そこでマーフィは自分の症状を公表し、同じ病を抱える兵士たちの救済を求めた。

一方、軍では、兵士の心を戦場のショックから守るために新兵訓練を強化していった。『フルメタル・ジャケット』（1987年）や『タイガーランド』（2000年）では、ヴェトナム戦争時の新兵訓練における、教官による凄《すさ》まじい罵倒《ばとう》と拷問《ごうもん》まがいのしごきが描かれるが、兵士の心を守るためのメソッドだと言えなくもない。日常から兵士をいきなり戦場に放り込んだら、そのむき出しの心はすぐに傷ついてしまう。だから、まず日常から切り離し、徹底的に傷つけ、追い詰めることで、心を守る冷たく無感動な鋼鉄の鎧《よろい》をつけさせるのだ。つまりフルメタル・ジャケットを。

しかし、そのジャケットが完璧でないことは歴史が示しているとおりだ。現在、イラクやアフガン戦争の帰還兵二百二十万人のうち、六十五万人がPTSDに苦しんでいると言われる。帰還兵の自殺率もこの十年で倍増している。

実際に戦闘に参加しなくても、戦場を体験するだけでPTSDを負う。イラクに派遣された自衛隊員は一万人にのぼるが、各部隊の一割から三割が不眠など心の不調を訴え、二十九人が自殺したという。

イラク戦争で狙撃兵として百六十人以上を殺したクリス・カイルの自伝の映画化『アメリカン・スナイパー』（１４年）も、彼のＰＴＳＤがテーマだった。監督のクリント・イーストウッドは俳優として駆け出しの頃、ユニヴァーサルの撮影所でオーディ・マーフィに会っており、二百四十人を殺した彼が「天使のような顔」をしていることに驚いたと筆者に語った。だから自分が製作した『ダーティハリー』（７１年）のヴェトナム帰還兵で連続射殺魔スコルピオ役に当初、オーディ・マーフィを予定していた（撮影直前に飛行機事故で死亡）。「天使のような若者を人殺しにするのが戦争なんだ」

オーディ・マーフィは戦争の英雄として映画『地獄の戦線』の主役にもなったが……

第5章

『クーンスキン』『南部の唄』

Coonskin
Song of the South

スプラッシュ・マウンテンの「原作」は、禁じられたディズニー映画

1975年
監督　ラルフ・バクシ
脚本　ラルフ・バクシ
出演　フィリップ・マイケル・トーマス
　　　バリー・ホワイト
　　　チャールズ・ゴードン

1946年
監督　ウィルフレッド・ジャクソン（アニメ）
　　　ハーブ・フォスター（実写）
脚本　ダルトン・レイモンド他
出演　ボビー・ドリスコール
　　　ジェームズ・バスケット

タランティーノの献辞

クエンティン・タランティーノは『ジャンゴ　繋がれざる者』(2012年)で、多くの映画人にスペシャル・サンクスを捧げている。1970年代ブラック・ムービーの革命だった『黒いジャガー』(71年)の監督ゴードン・パークス、主演リチャード・ラウンドトゥリー、音楽アイザック・ヘイズ、血みどろスローモーション銃撃戦の元祖サム・ペキンパーなど、名前を見れば『ジャンゴ』への影響がすぐにわかる。

その献辞の中にラルフ・バクシの名前がある。バクシはロバート・クラムのヒッピー漫画をアニメ化した『フリッツ・ザ・キャット』(72年)や、アニメ版『指輪物語』(78年)で知られるアニメーション作家である。どこに『ジャンゴ』との関わりが?

実はバクシには黒人ギャングを主役にした『クーンスキン』(75年)という日本未公開作がある。タランティーノは昔からこの映画のファンで、上映会を開いたり、カンヌ映画祭で解説したこともある。

ただ『クーンスキン』はアメリカでもほとんど知られていない。差別的な映画とされて黒人の人権団体に上映反対運動を起こされ、小規模の公開で終わったからだ。『クーンスキン』は、「アニメ界のバッドボーイ」と呼ばれたバクシが、ディズニー映画『南部の唄』（46年）への挑戦として企画した。その『南部の唄』も人種描写に問題があるという理由で、現在もDVD化されていない。

スプラッシュ・マウンテンの「原作」

ディズニーランド遊園地にはスプラッシュ・マウンテンというウォーター・シュータ—があるが、これは『南部の唄』をテーマにしたアトラクションだ。

『南部の唄』は、ジョエル・チャンドラー・ハリスの『リーマスおじさんの唄と言葉／南部農園のフォークロア（Un-

日本ではVHSがリリースされたが、これも現在は絶版である

cle Remus, His Songs and His Sayings: The Folk-Lore of the Old Plantation)』（1881年）の映画化である。

ハリスはアイルランド移民の子として南部ジョージア州に生まれた。南北戦争が始まった翌年の62年、ハリスは十四歳でローカル新聞「カントリーマン」の印刷工見習いとして働き始めた。

その新聞の発行人は綿花農園の経営者だった。ハリスは仕事以外では、農園の黒人奴隷たちに混じって生活した。当時、ポテト飢饉《ききん》によってアイルランドからアメリカに脱出する移民が増えていたが、彼らは極端に貧しく、白人の最下層に置かれていた。アイルランド移民は農園でも小作人や奴隷の監視人として、白人地主の下で生活していた。そのため、ハリスも黒人奴隷たちを身近に感じていたらしい。

ハリスはそこで、黒人奴隷の老人たちから、昔から口承で伝えられてきた民話を聞いて集めた。後に新聞記者になったハリスは集めた話を、コラムに書いた。その際、物語の語り部としてリーマスおじさんという架空の黒人奴隷を設定した。ストウ夫人の『アンクル・トムの小屋』（1852年）にヒントを得たものだという。

賢いウサギと馬鹿なクマ

リーマスおじさんのお話の主人公になるのは、ブレア・ラビットという野ウサギ。ブレアは「ブラザー（黒人同胞）」の南部訛り。リーマスおじさんの話は徹底的な南部の黒人奴隷の言葉で書かれている。Says（言う）は sez、the は de になる。

ブレア・ラビットは常日頃、ブレア・フォックス（キツネ）とブレア・ベア（クマ）に狙われている。もちろん捕まえて食べるためだが、ブレア・ラビットはいつも頓智《とんち》を使ってフォックスとベアを翻弄《ほんろう》する。たとえば、ラビットはフォックスが仕掛けた罠《わな》にはまって抜け出せなくなる。どうしよう、と嘆いていたラビットは、ベアが通りかかると急に楽しそうにする。

「ウサギどん、なんで楽しそうにしてるんだい？」

「いや、こうしてるだけでお金が儲《もう》かる仕事なんだ。笑いがとまらないよ」

ブレア・ラビットは知恵でキツネやクマたちから身を守る

ベアはこの物語では頭の回転がよろしくない。

「へー、いいなあ」

「なんなら、クマさん、僕と交代する？」

ベアは喜んでラビットの罠を外して、自分がハマってしまう。

この話は、マーク・トゥエインの『トム・ソーヤーの冒険』（１８７６年）にもヒントを与えている。フェンスのペンキ塗りをやらされたトムが「なんて楽しいんだろう」と言って、他の友だちにペンキを塗らせてしまうエピソードだ。トゥエイン自身、リーマスおじさんの話には大きな影響を受けたと認めている。

ブレア・ラビットの話では「タール・ベイビー」が最も有名。ブレア・フォックスは石油や石炭から作るタールを使って人形を作り、服を着せて道端に置いておく。もちろんラビットを捕らえるためだ。タール人形の前を通りかかったラビットは「こんちは」と挨拶するが、人形は返事をしない。

「この礼儀知らずめ！」

怒ったラビットが人形をどつくと、手がタールに搦《から》め取られて抜けなくなった。もがけばもがくほど深みにはまる。そこにブレア・フォックスがやって来る。

「とうとう捕まえたぞ！　バラバラにして食ってやる！」

そう言ってラビットにくっついたタールを取って、食らおうとする。ラビットは哀れに泣き叫ぶ。

「食べられるのはしかたがありません。でも、どうか、お願いですから、あの茨《いばら》のしげみにだけは投げ込まないでください！」

それを聞いたフォックスは「そんなに嫌なら、やってやる！」とラビットを棘《とげ》だらけの茨に投げ込む。すると茨の中から笑い声が聞こえる。

「僕は茨の中で生まれたんだよ！　ありがとうね！」

この賢いウサギの話は、黒人奴隷たちの故郷アフリカまでたどれるという。ウサギは敵から逃げるとき、ランダムに方向を変えて、追手を翻弄するという。そこに人は、弱い者が知恵を使って強い者を困らせる痛快さを見たのだろう。狩人《かりゅうど》をからかうウサギのキャラは、確実にバッグス・バニーの原型にもなっている。

機知とユーモアに富んだ物語を語る黒人奴隷リーマスは、古代ギリシャの奴隷だったイソップと通じるものがある。迫害される者たちがサバイバルのために育てた知恵を継承していったのだ。

ユートピア物語としての『南部の唄』

この『リーマスおじさんの唄と言葉』を原作とする『南部の唄』はディズニー初の実

写長編映画である。

主人公は七歳の白人少年ジョニー。彼の両親は離婚の危機にあり、母はジョニーを連れて、実家である南部の農園に帰って来る。

両親の不仲で落ち込むジョニーを白人の貧しい農民の子どもたちがイジメる。孤独なジョニーは家出しようとして黒人居住区に迷い込む。彼に優しくしてくれたのは、黒人少年トビーとリーマス老人だった。老人はブレア・ラビットの楽しい話をしてジョニーを元気づける。

このリーマス老人の話がアニメーションになる。アニメによる風景に実写のリーマス老人が合成され、実写の風景にアニメのブレア・ラビットが合成される。この技術は後に『メリー・ポピンズ』（1964年）で最大限に活《い》かされる。

ジョニーは自分をイジメた少年たちの妹ジーニーと仲良くなるが、少年たちに邪魔され、殴り合いのケンカになる。リーマス老人が止めに入るが、ジョニーの母親は息子がリーマスと親密にしていることを嫌がり、ふたりが会うことを禁じてしまう。

自分がいるとジョニーに迷惑になると思ったリーマスは村を出ようとする。それを追って駆け出したジョニーは牛にはねられて昏睡《こんすい》状態に陥る。父も駆けつけたが意識は戻らない。しかし、リーマスがジョニーに話しかけると奇跡が起こったように、ジョニーは意識を回復する。これで両親は和解し、元気になったジョニーとジーニーとトビーが仲良く遊ぶのを、リーマス老人が優しく見守って物語は終わる。

あり得ない南部ユートピア

『南部の唄』が公開されると、南部における人種隔離政策の撤廃と黒人の選挙権を求める市民団体ＮＡＡＣＰ（全米黒人地位向上協会）は、全米の有力紙にこのような表明文を送った。「この映画は奴隷制度の危険な美化を助けるものである。リーマスおじさんの美しい民話を利用して、主人と奴隷の理想的な関係を印象付けているが、それはまったく事実を歪曲している」

これに対してディズニーは、『南部の唄』の時代設定は南北戦争の後であり、リーマス老人もトビーも奴隷ではないと説明した。しかし、実際に観てみると、そのへんは実に曖昧だ。

時代が南北戦争の後であることを示す具体的な描写はない。逆に画面だけを観ると南北戦争前にしか見えない。実際は戦争後、奴隷が解放されたために、タダの労働力を失った綿花農園は解体していったのだが、『南部の唄』のジョニーの祖母の農園は豊かで、夕方になると、黒人たちが行列を作って農地から自宅に帰る。どう見ても解放前の風景だ。

ただ、解放前ではあり得ないのが、言葉だ。ジョニーの親たちはリーマス老人に対して白人に対してと同じ言葉で接する。リーマスも白人に対して卑屈な態度はとらない。また、ジーニーの家はどう見てもジョニーの土地で働く小作人なのだが、地主のお坊ちゃまであるジョニーを特別扱いしない。

つまり『南部の唄』が描く南部は、白人地主、小作人、奴隷という主従関係が平等に暮らす、どこにも実在しない不思議なユートピアなのだ。

これは『風と共に去りぬ』（1939年）の大ヒットで始まった古き良き南部のロマンティサイズ（美化）の延長線上にある。実際、『風と共に去りぬ』で、スカーレット・オハラの頼りになる乳母を演じてアカデミー助演女優賞に輝いたハティ・マクダニエルがここでもジョニーの乳母を演じている。

『南部の唄』はリーマス老人役のジェームズ・バスケットが歌う「ジッパ・ディー・ドゥー・ダー（Zip-A-Dee-Doo-Dah）」がアカデミー主題歌賞を受賞し、その後、56年、72年、80年、86年と四回、アメリカで再公開されたが、米国内では一度もビデオ化されなかった。2010年、ディズニーはDVD化を検討すると発表したが、結局、実現しなかった。

ブラザー・ラビットが大暴れ

「Ｆｕｃｋ　Ｙｏｕ！」

ラルフ・バクシの『クーンスキン』は、黒人がいきなり観客に向かって「ファック・ユー」と毒づいて幕を開ける。

彼の隣の黒人はこんなジョークを話す。

「知ってるかい？　今まで、サンフランシスコのゴールデン・ゲート・ブリッジから飛び降り自殺した白人は三百五十人もいるんだと。でも、黒人はふたりしかいなかった。ひとりは突き落とされたんだけどね」

ラルフ・バクシの前作『フ

US版『クーンスキン』DVDジャケット

リッツ・ザ・キャット』はアメリカ映画史上初めて成人指定を受けたアニメーションだった。ヒッピーたちに人気があったロバート・クラムのアングラ漫画が原作で、ニューヨークはヴィレッジに暮らす猫のフリッツが主人公。グループ・セックスやドラッグなど流行《はや》りものに何でも手を出す軽薄な猫で、最後は反体制運動家に混じって発電所爆破までやってしまう。

黒人（カラス）と警官（ブタ）が衝突していると米軍が戦闘機で鎮圧する。それを「アメリカ万歳」と応援する影はどう見てもミッキー・マウスとドナルド・ダック！アメリカを象徴する文化ディズニーへの反発心丸出しの『フリッツ・ザ・キャット』を当時の若者たちは支持し、大ヒット。バクシは次作をハリウッド大手のパラマウントで作ることになった。プロデューサーは『ゴッドファーザー』（１９７２年）をメガヒットさせたアルバート・Ｓ・ラディ。

バクシは黒人についてのアニメを作ることに決めた。当時はブラック・パワーの時代だった。黒人過激派団体ブラック・パンサーが武力で黒人革命を起こそうとした。音楽ではソウルやファンクがブームになり、ファッションではアフロヘアーを白人までマネした。そして映画では『黒いジャガー』の大ヒット以来、おしゃれでタフでセクシーな黒人ヒーローが悪い白人たちを片っ端からやっつけるアクション映画が人気だった。金儲け目当てで粗製濫造《そせいらんぞう》されたので、ブラックスプロイテーション（黒人搾取映画）とも幼い頃から呼ばれた。

バクシはユダヤ系移民としてニューヨークで育ったが、貧しかったため、黒人のスラム街で暮らした。学校でバクシ以外は全員黒人だったこともある。そのため、黒人文化はバクシの骨の髄《ずい》まで沁《し》みていた。

ニューヨーク版『南部の唄』

バクシは、ディズニーの『南部の唄』をニューヨークの黒人文化の中心地ハーレムに置き換えたシナリオを書き、『ハーレム・ナイツ』と名付けた。しかし、プロデューサーのラディは「もっと物議を醸《かも》すタイトルに変えろ」と言って、『クーンスキン』と改題した。クーンスキンとはアライグマの皮のことだが、クーンは黒人の蔑称

バクシの『フリッツ・ザ・キャット』はディズニー・アニメへのアンチテーゼだった
©MGM Studios/gettyimages

でもある。

『クーンスキン』は、『南部の唄』と同じく、実写ドラマから始まる。刑務所から脱獄した黒人青年ランディ（『マイアミ・バイス』のフィリップ・マイケル・トーマス）が、仲間が助けに来るのを待っている。仲間は、世界一セクシーな声のシンガー、バリー・ホワイトと黒人で初めてピュリッツァー賞を受賞した劇作家チャールズ・ゴードン（1925〜95年）。

いくら待っても仲間が現われないので焦るランディを、一緒に脱獄したパピー（父《と》っつぁん）がなだめる。パピー役は歌手のスキャットマン・クローザース。後にスタンリー・キューブリックの『シャイニング』（80年）で超能力を持つ老人を演じた。

パピーはウサギとキツネとクマの話を始める。ここからアニメが始まる。ただし、三匹ともブラザー（仲間）だ。ブラザー・ラビット（声：フィリップ・マイケル・トーマス）、ブラザー・フォックス（声：チャールズ・ゴードン）、ブラザー・ベア（声：バリー・ホワイト）は南部で白人保安官を殺してしまい、ニューヨークの黒人街ハーレムに逃げてくる。

三匹のブラザーは、ハーレムで、次々と現われる黒人の敵たちと戦う。

最初の敵は、黒人革命を掲げる教祖「ブラック・ジーザス」。ステージの上では「白人どもを殺せ！」と言いながら、拳銃でニクソン大統領やエルヴィス・プレスリーやジヨン・ウェインの写真を撃ち抜いて黒人の聴衆を熱狂させる。ラビットは、こいつの本当の目的が同胞から金を搾取することでしかないと見抜くが、逆に捕まってしまう。するとラビットは突然情けなく慈悲を乞い始めた。

「お願いですから、窓から投げ捨てるのだけは勘弁してください」

それを聞いて、用心棒が投げ捨てるとラビットはまんまと逃げ出す。ブレア・ラビットの茨のしげみと同じだ。ラビットは拳銃を持って戻って来て教祖たちを皆殺しにする。

次の敵は、黒人を虐待する刑事マニガン（アイルランド系）。三匹は美女を利用してマニガンを酔い潰し、彼が眠っている間に顔を黒く塗って銃を握らせて路上に捨てる。警官たちは彼を黒人だと思って射殺する。

『クーンスキン』にも『南部の唄』と同じく、ウサギ、クマ、キツネが登場する

最後の敵はマフィアのゴッドファーザー。これが『ゴッドファーザー』のマーロン・ブランドを醜くした容貌で、『ゴッドファーザー』と同じくソニーという息子がいる。マフィアたちはボクシングの試合を観に来たラビットをナイフで襲うが、それはタールで作られたタール・ラビットだった！　身動きできなくなったマフィアたちはあっさり始末される。

しょせんミス・アメリカの手の平の上

ブラックスプロイテーションは、ヤクザ、ヤク中、ヤクの売人、ポン引き、売春婦など、黒人の負のステレオタイプばかり登場させるので偏見を助長するだけだと、アフリカ系の市民団体から激しく攻撃されていた。『クーンスキン』も同じように抗議運動の標的になった。とにかく「善い黒人」がひとりも登場しないうえに、分厚い唇や大きな歯をマンガ的に誇張した絵は黒人たちに不快感を与えた。ブラック・パンサーや宗教家などを辛辣におちょくったので、彼らからも批判された。タイトルも差別的だった『クーンスキン』はひっそりと隠すように公開されて、消えていった。

しかし、『クーンスキン』は黒人だけでなく、ありとあらゆる集団を笑いものにしている。アイルランド系の刑事とイタリア系のマフィアは見た目も中身も腐りきった怪物として描かれている。ユダヤ系であるバクシは『フリッツ・ザ・キャット』でユダヤ教徒たちが、アメリカがイスラエルに軍事援助をすると聞いて狂喜乱舞するというギャグもやっている。

『クーンスキン』では最後に、彼らマイノリティ同士が殺し合いをしていたのは、ミス・アメリカの手の平の上だったことがわかる。ミス・アメリカは金髪に青い目で巨乳の白人美女として表現される、アメリカという国家の象徴である。

すでに気づいた読者もいると思うが、『ジャンゴ　繋がれざる者』でジェイミー・フォックスがマヌケな南部白人タランティーノを口から出まかせで騙す場面は、このブレア・ラビットの頓智をやっていたわけだ。タランティーノはこんなところも妙に律儀だなあ。

『南部の唄』では、ブレア・ラビットとリ

ハーレムで暴れ回った三匹のブラザーもしょせんは「ミス・アメリカ」の手の平の上の存在にすぎなかった

ーマス老人の知恵は白人の少年を救う。黒人が長い奴隷生活の中で培《つちか》った知恵で、奴隷所有者の孫を救う話に白人観客たちは涙した。金持ち白人少年の孤独など、黒人奴隷二百年間の屈辱、１９４６年当時に南部の黒人たちが耐えていた差別に比べれば、屁《へ》みたいなものなのに。

「ミンストレルマン」の怒り

『南部の唄』の主題歌「ジッパ・ディー・ドゥー・ダー」の歌詞は、「今日はなんていい日なんだ／すべてに満足だ」という能天気きわまりないものだが、『クーンスキン』でスキャットマン・クローザースが歌う主題歌（作詞ラルフ・バクシ）は、怒りをこめて黒人の歴史を歌い上げる。

おれはミンストレルマンだ
おれは掃除夫だ
おれは貧乏人だ
おれは靴磨きだ
おれはニガーだ

踊るのをご覧あれ
おれは福祉の受け取りの列に並んでいる
おれは炭鉱労働者の列に並んでいる
石油掘削労働者の列に九歳の頃から
今は質屋の列に並んでいる

おれの心には悪魔が潜む
そいつだよ、見えるだろ
進め ニガー 進め

おれは生まれつきブラックフェイスだ
人種の一部なんだ

ミンストレルとは黒人が道化を演じる見世物で、南北戦争前後に流行した。最初は黒人自身が演じていたが、そのうちに白人がブラックフェイス（黒く塗った顔）で、マヌケな黒人を演じて笑いを取るようになった。このため、現在では、ブラックフェイスは黒人への愚弄としてタブーになっているが、それはアメリカのポップ・カルチャーの語られざる原点でもあるのだ。

第6章

『バンブーズルド』『ディキシー』

ブラックフェイスはなぜタブーなのか

Bamboozled
Dixie

2000年
監督　スパイク・リー
脚本　スパイク・リー
出演　デーモン・ウェイアンズ
マイケル・ラパポート

1943年
監督　エドワード・サザーランド
脚本　ウィリアム・ランキン
出演　ビング・クロスビー

「40エイカーと騾馬《らば》」

映画監督スパイク・リーの製作プロダクションは「40エイカーと騾馬フィルムワーク」という。四十エイカーと騾馬とは、南北戦争後、解放された黒人奴隷の家族に対して支給すると北軍のシャーマン将軍が約束した土地と家畜のこと。この約束はリンカーン大統領暗殺で反故《ほご》にされた。アフリカ系のスパイク・リーがこれをプロダクション名にしたのは果たされなかった約束を人々に思い出させるためだろう。

スパイク・リーの『バンブーズルド（Bamboozled＝騙されて）』（2000年）は、全編ミニDV（デジタルビデオ）による撮影なので画質的に苦しかったのか、日本ではDVDすら未発売のままだが、アメリカのショー・ビジネス史の汚点であるミンストレル・ショーとブラックフェイスに真正面から切り込んだ過激な問題作だ。

最も政治的に間違ったテレビ・ショー

主人公はニューヨークのテレビ局に勤務する脚本家でプロデューサーのピエール・ドラクア。演じるは黒人のコメディアン一族ウェイアンズ兄弟のひとりデーモン・ウェイアンズ。ドラクアはハーヴァード大学出身という設定で、マンハッタンの高級アパートに住み、フランス訛りの英語をしゃべるインテリのバッピー（ブラック・ヤッピー）。

会議に遅刻したピエールはダンウィット社長（マイケル・ラパポート）から「ＣＰタイムって言葉知ってるか？」と言われる。

「カラード・ピープル（有色人種）時間のことですね。黒人は時間にルーズと」

ダンウィットは黒人に対して差別的な言葉、特にニガーを連呼する。

「私は白人だけど、ニガーを連呼してもいいのだ。私は黒人に囲まれて育ってきたし、妻はアフリカ系だから」

それはタランティーノへの

ＵＳ版『バンブーズルド』ＤＶＤジャケット

皮肉だ。映画『パルプ・フィクション』（1994年）でクエンティン・タランティーノ扮《ふん》するキャラクターがニガーを連呼することにスパイク・リーが抗議したところ、「あのキャラクターは黒人の妻を持ち、黒人と親密だからニガーという言葉を使うのだ」と反論された。

「社長、せめて黒人である私の前ではその言葉を使わないでいただけますか」ドラクアが礼を尽くして頼むとダンウィットは逆に「ニガー、ニガー、ニガー！」と叫ぶ。

「このシロンボ野郎！」

ドラクアはついにブチ切れて社長をボコボコにぶちのめす。心の中で。

「ドラクア、君の企画する番組は白すぎる！」社長のグチが始まった。

「ビル・コスビーはもう沢山だ！」

黒人コメディアンのビル・コスビーが企画製作した『コスビー・ショー』（1984～92年）は黒人中産階級の家庭を舞台にしたホーム・コメディで、人種を超えて国民的人気番組になった。

「実際、黒人の中産階級は実在しますから」ドラクアは言う。2009年の調査では全アフリカ系のうち富裕層は8・1パーセント、中流は38・4パーセント、平均以下で貧困層以上が28・8パーセント、貧困層23・5パーセント。実際は中流が最も多いにもかかわらず、黒人といえば貧しいものとしてステレオタイプ化されている。

「ドラクア、お前の企画したドラマは、ポリネシア系の一家の養子になった黒人の少女の話とか、東部の白人ばかりの寄宿学校に入った黒人少年の話とか、どれも綺麗《きれい》すぎる！　そんなに白くなりたいか！」

90年代はギャングスタ・ラップの時代だった。ダンウィットが欲しいのは、そんな、ダーティで、危険なものだった。それができなけりゃ、ドラクアはクビだと言い渡される。

追い詰められたドラクアは半ばヤケクソで、こんな企画を思いつく。

「最も政治的に間違ったテレビ番組、新世紀ミンストレル・ショーだ！」

封印されたミンストレル・ショー映画

ミンストレル・ショーは、南北戦争の前に始まったヴォードヴィル・ショーのスタイルで、舞台には南部の奴隷農場が作られ、登場人物は基本的に全員黒人。知ったかぶりのおしゃれな男や頭の回転の鈍い男などの役割に分けられ、スイカや鶏を盗もうとしたり、女性をナンパしたりのコントの合間に、歌や踊りを見せる。ミンストレルとは「旅芸人」という意味だが、それとは直接関係ない。

ミンストレル・ショーはアメリカのショー・ビジネス史の中で恥ずべき過去とされて

いる。それは、その黒人たちを、たいていの場合、顔を黒く塗った白人たちが演じていたからだ。その黒塗りを「ブラックフェイス」と呼ぶ。

当時のミンストレル・ショーのポスターを見ると「アフリカ人の音楽」とか「奴隷農園の歌と踊り」などと宣伝されている。つまり、黒人霊歌の深い哀愁、アフリカ音楽独特のシンコペーションによるダンサブルなノリの良さ、黒人が発明した新しい楽器バンジョーの楽しさなどが白人たちから商品として求められていたのだ。しかし、南北戦争前の特に南部では、劇場のステージに黒人が立つことも、それを紳士淑女が鑑賞することもむずかしかった。そこで、ブラックフェイスの白人たちが演奏するショーが始まった。

ミンストレル・ショーが実際にどんなものだったのかは、ビング・クロスビー主演の『ディキシー（Dixie）』（１９４３年）という映画で観ることができる。第二次世界大戦中のため日本公開されなかったが、その後、アメリカでもＤＶＤ化されていない。あまりに差別的な内容のためだ。ただ、パブリック・ドメインなのでＹｏｕＴｕｂｅなどで視聴は可能。

『ディキシー』は、ミンストレル・ショーで最初の大成功を収めたブライアンツ一座の作曲家ダニエル・Ｄ・エメットの伝記映画。彼はオハイオ出身のヤンキー（北部人）だったが、ニューオリンズを目指して南部を旅し、綿花を運ぶ船で働く黒人奴隷が歌う霊

ミンストレル・ショーはアメリカ芸能史の汚点と言われる
©Bettmann/gettyimages

歌「スイング・ロウ、スィート・チャリオット」にインスパイアされる。
ところがそれ以降、黒人は一切画面に登場しない。エメットたちはケンカで目の下にできた青タンを隠すためブラックフェイスでミンストレル・ショーを始める（これはフィクション）。

背景の書割《かきわり》に巨大な黒人の顔が描かれている。その口から、ブラックフェイスのエメット（ビング・クロスビー）たちが登場し、デタラメな文法でしゃべり、スイカとフライドチキンをむさぼり、陽気に歌って踊る。彼らはみんな無知で、滑稽《こっけい》で、ずるくて、怠け者で、スケベで……という当時の黒人への偏見と思い込みを極端に誇張したものだった。

黒人の素晴らしい音楽を求める白人客のために、白人が黒人音楽を演奏しながら、黒人をリスペクトするのではなく、愚弄する。こんなひどい話があるだろうか。ミンストレル・ショーは、黒人文化への憧《あこが》れと人種蔑視が同時に存在する、きわめて歪んだエンターテインメントだった。黒人音楽は、ジャズ、ロックンロール、ソウルと白人に搾取されてきたが、その原点がミンストレル・ショーにある。

白人に盗まれた歌「ディキシー」

特にエメットが1859年にミンストレル・ショーで発表した歌「ディキシー」の運命は奇怪だ。

歌詞は、南部の綿花農園から北部に脱出して自由になった黒人が、生まれ故郷を懐かしんでいる歌だとされる。

「綿花の国、ディキシーランド（南部）にいたかったなあ。ああ、はるか彼方《かなた》のディキシーランド」

エメットにこの歌を教えたのはオハイオの黒人ミュージシャン、ベン&リュー・スノーデンだと言われている。ふたりは南部の奴隷農園から北部に脱出して自由になった。

この歌は60年に南部の白人の間で爆発的に流行し、いつしか南部連合の国歌のように思われていった。そして61年2月、北部からの独立を宣言した南部連合が独自の大統領にジェファーソン・デイヴィスを任命すると、就任式では「ディキシー」が演奏された。

南北戦争が始まると、「ディキシー」は歌詞を「ディキシーランドのためにおれは死ぬ」と戦闘的に書き替えられ、行軍や突撃時に演奏された。白人たちは奴隷制度を守るために、南部からの逃亡奴隷の歌を歌いながら、死んでいったのだ。これもまた捻じれた話である。

最も有名なブラックフェイスのキャラクターは1830年代に白人の芸人トーマス・D・ライスが演じたジム・クロウである。白人が作り上げた無知で能天気な黒人ジム・クロウのイメージは黒人そのもののイメージとして固定化された。南北戦争後、北軍に監視された南部では、解放された黒人たちが選挙に参加し

『ディキシー』で、顔を黒く塗ったクロスビー
©John Springer Collection/gettyimages

たが、南部の州議会は、次第に黒人から再び選挙権を奪うさまざまな新法をデッチ上げた（たとえば祖父の代から投票していない者には選挙権を与えない）。また、黒人と白人を隔離する法律も次々に作られた。それらは「ジム・クロウ法」と総称された。こうして南北戦争後、すぐに南部で黒人差別は復活し、その後、百年以上続いたのだ。

黒人のブラックフェイス

さて、『バンブーズルド』の主人公ドラクアは、いつもテレビ局の下でタップダンスをして金を集めているアフリカ系の若い大道芸人、マンレイとウーマックを番組に起用する。

「マンレイ、君の役名はマンタンだ。ウーマック、君はスリープン・イート」

マンタンとはおそらく１９３０年代の黒人コメディ俳優マンタン・モーランドが基になっている。ピンポン玉のようなギョロ目が売り物だった。スリープン・イートとは「寝たり食ったり」という意味。

「怠け者で、無知で、ずるい黒人を演じるんだ！　マンレイ、君の肌の色は黒人にしては薄すぎる」

ドラクアはそう言ってマンレイにブラックフェイスをさせる。ミンストレル・ショーの伝統に基づいて、コルクをアルコールで燃やしたドロドロの炭を塗る。口のまわりは大きくルージュを塗って唇を強調する。

おしゃれで踊りが上手なマンタンはミンストレル・ショーにおいては「ジップ・クーン」の役割だ。ジップ・クーンは、1834年に白人の芸人ジョージ・ワシントン・ディクソンがブラックフェイスで演じたキャラクター。クーンは黒人に対する蔑称。彼の持ち歌「ジップ・クーン」は大当たりした。日本では「オクラホマ・ミクサー」と呼ばれているが、元々は黒人蔑視の歌だった。

ドラクアは「白人が見たいのは、こんなバカな黒人だろ！」という投げやりな気持ちで現代版ミンストレル・ショーを企画した。これが放送されると、予想どおり抗議が殺到する。しかし、今の世の中、論争は無料のパブリシティ。危ないほうがウケる。おかげで視聴率は好調で、ドラクアは社長から絶賛され、思わぬ大成功。マンタンの真似《まね》をしてブラッ

『バンブーズルド』の黒人たちも結局は白人の資本主義に収奪される存在でしかない

クフェイスをする若者も増える。それを見て、ドラクアは暗澹《あんたん》たる気持ちになっていく。

黒人でありながら、顔をさらに黒く塗り、黒人の愚かさを誇張した歌やコントで暮らす芸人は少なくなかった。たとえば19世紀終わりにブロードウェイで活躍した黒人エンターテイナーのアーネスト・ホーガンは「おれにはクーンどもはみんな同じに見える（All Coons Look Alike To Me）」などのひどい黒人蔑視の歌を作詞作曲した。晩年、ホーガンは「食うためにはしかたがなかったが、自分自身の人種への裏切りだった」と後悔している。

今も続くミンストレル・ショー

なぜ、スパイク・リーは、２０００年にミンストレル・ショーを描こうとしたのか？

その理由は、リーが劇中に挿入した二本のテレビ・コマーシャルが語っている。

ダ・ボムという発泡酒と、ティミー・ヒルニガー（トミー・ヒルフィガーのパロディ）というストリート・ファッションのブランドのＣＭだ。金のチェーン・ネックレス、歯にも金のグリル、高級スニーカー、サギング（ズボンを下げてパンツを見せること）、半裸で尻を振る女性たち。それはギャングスタ・ラップのＰＶのパロディになっている。

「ギャングスタ・ラップは現代のミンストレル・ショーなんだ」スパイク・リーは『バ

ンブーズルド』のDVDの副音声解説で断言している。PVで、金のアクセサリーをじゃらじゃら鳴らし、ベンツやベントレーに乗って、半裸の美女たちにシャンパンをかけて浮かれるラッパーたちは、白人が考える「愚かな黒人」そのものではないか。黒人奴隷を意味するニガーという屈辱的な言葉も、黒人たち自らがワルぶって使うから、バカな白人たちが真似するのだ。

「彼らは、同胞が何百年もの戦いの末にようやく手に入れた尊厳を自ら踏みにじっている」

スパイク・リーの怒りは同胞である黒人たちに向けられている。『バンブーズルド』のドラクアとマンレイはその報いを受けて悲惨な最期《さいご》を遂げる。スパイク・リーは「この物語はサタイア（風刺）だ」と何度も繰り返し、「みんなを笑わせろ」と強調するが、笑うに笑えない。怒りと悲しみがあまりに強すぎたのだ。

諸君らは、奴隷として所有され、搾取され、ごまかされ（Hoodwinked）、騙され（Bamboozled）、その結果、堕落し、自制心を失ってしまった

マルコムXの演説より

第7章

『4リトル・ガールズ』

4 Little Girls

黒人教会爆破事件から始まった大行進

1997年
監督　スパイク・リー

罪なき少女たちの死

　1963年9月15日、日曜日の朝、アラバマ州バーミングハムの十六丁目バプティスト教会は、月に一度のユース・デイ（青少年の日）で、二十六人の少年少女が聖歌を歌うことになっていた。

　十一歳のデニース・マクネアちゃんは、近所の写真館の長女。明るく人懐こい性格で、学校には友だちが多かった。その中には後の米国務長官コンドリーザ・ライスもいた。

　シンシア・ウェスリーちゃん（十四歳）は地元の学校教師の娘で、数学と英語が得意な優等生だった。

　キャロル・ロバートソンちゃん（十四歳）も学校の成績はオールAで、鼓笛隊ではクラリネットを担当。ガールスカウトとしても熱心で、技能章を獲得していた。

　アディ・メイ・コリンズちゃん（十四歳）の家は七人兄弟で貧しかったが、ソフトボール選手として頑張る活発な少女だった。

　子どもたちが、地下室で聖歌隊の衣装に着替えている最中、教会に一本の電話がかかってきた。

「あと三分」

男の声でそれだけ言って電話は切られた。

二分もしないうちに、「ソ連の核攻撃かと勘違いした」ほどの轟音《ごうおん》と衝撃とともに地下室が爆発した。デニースたち四人の少女が犠牲になった。

十六丁目バプティスト教会の会衆は全員、アフリカ系で、それまでも、ＫＫＫなど白人至上主義者から「出て行け」などの脅しを受けていた。

２０１４年にアカデミー主題歌賞を受賞した映画『グローリー／明日への行進』は、この黒人教会爆破事件の描写から始まる。

『グローリー／明日への行進』は、１９６５年、黒人の投票権を求めて、マーチン・ルーサー・キングJr.牧師た

ＵＳ版『4リトル・ガールズ』ＤＶＤジャケット

ちがアラバマ州セルマで行なった行進を描いている。セルマから車で北に一時間ほど離れたバーミングハムで起こった教会爆破事件は、セルマ行進のきっかけのひとつだった。アフリカ系映画監督スパイク・リーは事件から三十四年目の97年、遺族や目撃者にインタビューを重ねて、『4リトル・ガールズ（4 Little Girls）』というドキュメンタリーにまとめた。日本未公開だが、セルマ行進の背景を知ることができる。

人種衝突の最前線

バーミングハムは20世紀に入って、製鉄業で急激に発展し、マジック・シティと呼ばれた。南部各地から仕事を求めて、黒人が移り住んできたため、白人の住民との軋轢《あつれき》が生まれた。

南部では南北戦争以来の人種隔離が続いていた。公立学校もトイレもレストランもバスの座席も人種別にわかれていた。バーミングハムの街全体も、西側に白人、東側に黒人が住み、街の中心を南北に走るセンター・ストリートが境界線であり、人種衝突の最前線だった。

夜になると、センター・ストリートを走る自動車の窓から、道の東側の黒人たちの家に、ダイナマイトが投げられた。40年代終わりから60年代初めの十年あまりの期間に四十件以上の爆破事件があった。

犯人は捕まらなかった。南部の白人警官の多くがKKKのメンバーか、その協力者だったからだ。時には警察のパトカーからダイナマイトが投げられた。こうして、センター・ストリートの東側は、「ダイナマイト・ヒル」と呼ばれるようになった。

アラバマ州知事のウォレスは抗議する黒人たちを「暴徒」とみなし、馬や犬で蹴散らした

ジョージ・ウォレス知事の公民権潰し

50年代後半、南部の人種隔離撤廃を求める公民権運動が始まると、バーミングハムの人種的緊張はさらに高まった。アラバマ州では「今日も人種隔離を、明日も人種隔離を」と演説して白人から絶大な人気を集めたジョージ・ウォレス州知事と、ブル（牡牛《おうし》）と仇名《あだな》されたユージン・ブル・コナー警察署長が公民権運動を迎え撃つと宣

言していた。

教会爆破事件に先立つ1961年5月4日、首都ワシントンDCから南部に向かって走る乗り合いバスに、七人の黒人と六人の白人学生が乗り込んだ。人種隔離を続けるヴァージニア、カロライナ、ジョージア、アラバマ、ミシシッピを回ってルイジアナを目指し、差別撤廃を訴える運動で、「フリーダム・ライド」と名付けられた。

このとき、ブル・コナーとKKKは共闘してフリーダム・ライドのバスをバーミングハムで襲撃し、バスに放火し、運動家たちを袋叩きにした。その写真も世界中の新聞を飾った。

また、63年4月12日、キング牧師ら約五十人が十六丁目バプティスト教会に集まり、人種隔離への抗議書を持って市庁舎に向かって平和に歩き始めたときも、ブル・コナーに率いられた警官隊はデモ隊に消防車で放水した。デモ参加者は「強烈な水圧で内出血するほどだった」と回想する。さらに警察犬がけしかけられ、デモ隊のふくらはぎに噛《か》みついた。キング牧師は逮捕されたが、警官の暴力はニュースで世界中に報じられた。十六丁目バプティスト教会は公民権運動のシンボルになった。

同年6月にはミシシッピ大学の人種隔離に反対していた運動家メドガー・エヴァンスが白人至上主義者に暗殺された。南部の人種テロはエスカレートする一方だった。

そんな中でついに起きたのが教会爆破事件だった。

四人の少女の死に泣き崩れる人たち
©Chicago History Museum/gettyimages

「教会爆破事件がアメリカの目を覚ました」

　運命の日の朝、いつものように十六丁目バプティスト教会に行こうとするクイーン・ナン（当時十四歳）を母親が止めた。「今日は行かないでおくれ。夢を見たんだよ。あの教会が血まみれだったのよ」

クイーンは笑って出かけようとしたが、母親はひざまずいて涙を流して嘆願した。「お願いだから行かないでおくれ！」

クイーンは母親に従い、命をとりとめた。コンクリートの瓦礫の下から四人の少女の遺体が発見された。シンシア・ウェスリーちゃんの頭部はコンクリートの塊《かたまり》に粉砕されていたので、両親は指輪で本人確認をした。

ジャーナリストのウォルター・クロンカイトは「教会で罪もない少女を殺すなんて……。憎しみもここまで行ってしまったのか」と嘆き、「あの教会爆破がアメリカの目を覚ましたのだ」と語る。

戦時中、ナチは教会にレジスタンスの住民を押し込めて火を放って殺した。トマス・ハリスの小説『羊たちの沈黙』（８８年）で、食人鬼であるレクター博士は、教会の倒壊事故を研究していた。神の家に集《つど》うことで死ぬのは、あまりに絶望的だ。十六丁目バプティスト教会の会衆たちも、「これは神の思《おぼ》し召《め》しなのか？」と信仰を揺るがされる。純粋無垢な少女たちを神はなぜ守らなかったのか。神は存在しないのか。いや、神は我々を憎んでいるのか。

９月18日、キング牧師は教会を訪れ、四人の少女を弔《とむら》った。

「少女たちの死は無駄ではありません。神は今も悪から善を絞り出す方法をお持ちです。歴史は何度も、苦しみはかならずや贖《あがな》われると証明してきました。罪なき少女たちの血は、この暗い街に新しい光をもたらすことでありましょう」

その後、キング牧師とともにセルマ行進を戦った運動家ジェームズ・ベヴェルは「四人の少女の犠牲からセルマは始まったんだ」と語っている。

１９６４年10月、ジョーン・バエズはこの悲劇を「バーミングハム・サンデー」という歌にした。ニーナ・シモンはこの爆破事件とメドガー・エヴァンス暗殺に怒って「ミシシッピ・ガッデム」という歌を作った。四人の少女の死への悲しみと怒りは人気シンガーたちの声で世界中に運ばれた。

FBIは真犯人を見逃した

セルマ行進ではジョージ・ウォレス州知事のいる州庁舎に向かうデモ隊をブル・コナー率いる警官隊が暴力で叩き潰した。それでも彼らはあきらめなかった。二度、三度とデモは繰り返され、その間にデモにはアメリカ中から人種を超えた支援者が集まり、警官隊の数を超えた。連邦政府は黒人の投票を保障する投票法を成立させた。少女たちの死は無駄ではなかったのだ。

キング牧師もバーミングハムで怒りの記者会見を開いた
©Ernst Haas/gettyimages

しかし、爆弾を仕掛けた犯人はどうなったのか？

当日、現場では、トラック運転手ロバート・チャンブリスが爆発を見て大喜びしている姿が目撃されている。チャンブリスはＫＫＫのメンバーで「ダイナマイト・ボブ」の異名を取っていた。

百本以上の土木用ダイナマイトを不法に入手した彼は、ダイナマイト・ヒルの爆破事件の多くに関与していた。ＦＢＩは事件の五日後にはボブと彼の仲間たちに容疑をかけて、証拠を集めている。

しかし、ボブたちを起訴しないまま、ＦＢＩは捜査チームを解散した。報復を恐れて証言する者がいなかったからだというが、それだけだろうか？

ＦＢＩのＪ・エドガー・フーヴァー長官はキング牧師を執拗《しつよう》に追いかけ、盗聴し、不倫の証拠を暴露されたくなければ運動をやめろと脅迫した。１９６８年のキング牧師暗殺の黒幕もフーヴァーだと言われている。

四人の少女を殺した者は誰も裁かれなかった。

「なんとかしなければ」

アラバマ大学法学院のビル・バクスレーという白人学生は、憤激していた。

「でも、どうすればいいんだ」

バクスレーは猛勉強して、二十八歳でアラバマ州の司法長官になった。全米史上最年少だった。事件から十四年目の77年、バクスレーはついに教会爆破犯のダイナマイト・ボブらを起訴した。バクスレーには「貴様は白いニガーだ」などの脅迫状が殺到した。

　裁判でボブは無実を主張した。ＦＢＩは証拠の提供を拒んだ。やはりボブの殺意を裏付ける証言者はなかなかいなかった。彼の姪《めい》が証言台に立つまでは。

「爆破の前日、叔父《おじ》は、黒人が白人女性をレイプしたという事件（冤罪《えんざい》だった）の新聞記事を読みながら『奴らに人種隔離を願わせてやるぜ』と言っていました」

　判決の日、バクスレーはそれがデニースちゃんの誕生日だと気づいた。生きていれば二十五歳になるはずだった。ボブには有罪が下された。それがデニースちゃんへの誕生日プレゼントになった。

　ボブは終身刑になったが、

犯人のダイナマイト・ボブは素朴な白人だった
©Buton McNeoly-TLP/gettyimages

そのときも不敵な笑みを絶やさなかった。ダイナマイト・ボブはその名前を誇りにしていた。85年、獄中で八十一歳で死ぬまで、けっして後悔や謝罪、反省は口にしなかった。

ダイナマイト・ボブの手紙

今も、遺族の傷は癒《い》えない。事件から三十四年目にスパイク・リー監督がデニースちゃんの両親を訪ねると、彼らは娘の部屋をあの日のまま保存していた。彼女の遊んでいたお人形、読んでいた本、着ていた服。そこで両親の時間は止まり続けていた。スパイク・リーが1997年に『4リトル・ガールズ』を作ったのは96年頃から南部各地で黒人教会への放火が続いていたからだった。

2012年11月、オバマ大統領の再選が決まって数時間後には、マサチューセッツ州スプリングフィールドの黒人教会が放火で全焼した。逮捕された二十四歳の白人青年トーマス・グリーソンは法廷で「(再選への)不満で放火してしまった。この過ちで僕という人間を判断しないでほしい」と謝罪の意を示した。

『4リトル・ガールズ』には、ダイナマイト・ボブの犯行動機や彼の人間性は描かれていないが、映画公開から十五年後の12年11月(オバマ再選と同じ)、ダイナマイト・

ボブが獄中から妻にあてて書いた多くの手紙が公開された。tried を tride、either を eather と書いたり、句読点がなかったり、そのスペリングや文法のレベルは小学生以下で、ボブが黒人以上に恵まれない子ども時代を送ったのがわかって悲しい。

デトロイトやシカゴなど北部工業地帯の労働者たちは組合によって人種を超えた団結をして、給与や教育や福祉を充実させ、中産階級となり、子どもたちに大学教育を受けさせた。しかし、南部では、貧しい白人の鬱憤《うっぷん》は大資本や経営者ではなく、黒人への憎しみに向けられた。組合は育たず、貧しい労働者はいつまでも貧しく無学なままだった。ダイナマイト・ボブはそれを代表するような男だった。

ボブの妻への手紙によると、彼は、トミー・リー・ハインズという黒人青年と二人房に入れられた。ハインズは知能指数が39しかなく、警察とKKKによってレイプの罪を着せられていた（後に冤罪と証明された）。

ボブは最も憎む者と狭い檻《おり》の中で一緒に暮らす羽目になったが、ハインズに対しては『二十日鼠《はつかねずみ》と人間』（37年、ジョン・スタインベックの小説）のレニーに対するジョージのようにかいがいしく面倒を見た。アルファベットを教えてあげたり、讃美歌「主《しゅ》の祈り」を歌って聞かせてあげたと妻への手紙で自慢している。

ハインズはたびたび硬直症の発作を起こし、歯を食いしばってしまうので食事や水分さえ摂《と》ることができなくなったが、四人の少女を殺したボブはそのたびに必死でハインズを助けようとした。

「おれはなんどもなんども　あいつにたべさせてやったり　ミルクをのませてやろうとしたあいつがほしがったから　おれがあきらめて　やめてしまって　あいつといっしょに死んでしまうのがこわかったんだ」

我らに罪を犯す者を
我らが赦《ゆる》すごとく
我らの罪も赦したまえ
「主の祈り」

第8章

『ゼア・ウィル・ビー・ブラッド』『エルマー・ガントリー　魅せられた男』

石油ビジネスとラジオ伝道師

There Will Be Blood
Elmer Gantry

2007年
監督　ポール・トーマス・アンダーソン
脚本　ポール・トーマス・アンダーソン
出演　ダニエル・デイ＝ルイス
ディロン・フリーシャー

1960年
監督　リチャード・ブルックス
脚本　リチャード・ブルックス
出演　バート・ランカスター
ジーン・シモンズ

現代アメリカを支配するもの

石油と宗教。

このふたつが20世紀以降のアメリカを支配してきた。

1870年、ジョン・D・ロックフェラーがオハイオでスタンダード・オイルを立ち上げたときは、石油よりも石炭が主流の時代だったが、1913年にヘンリー・フォードが流れ作業によって自動車の大量生産と低価格化を実現すると、たちまち内燃機関は世界を制覇し、先進国で数少ない石油産出国であるアメリカも世界の覇権を握った。石油からは、電力や石油化学製品、化学肥料なども作られ、現代社会の衣食住のすべてが石油に依存している。現在、世界最大の企業上位二十位のうち、九社が石油会社である。

1920〜30年に石油産業が巨大化する一方で、近代工業化社会に取り残されたアメリカ人たちは聖書に救いを求め、盲目的な信仰へと回帰していった。彼らは「福音派」と自称し、現在はアメリカの人口の25パーセント以上を占める。共和党の支持基盤として政治をコントロールする巨大な勢力である。

石油と宗教の大ブーム最中の27年、作家アプトン・シンクレアは石油採掘業者を主人公にした小説『石油！』を発表した。同じく27年、シンクレア・ルイスは福音派キリスト教の伝道師を主人公にした小説『エルマー・ガントリー』を発表した。

ふたりのシンクレアが同時に描いた石油と宗教の物語は、約五十年の時を挟んでハリウッドで映画化された。『ゼア・ウィル・ビー・ブラッド』（2007年）と『エルマー・ガントリー　魅せられた男』（60年）である。

パニックを引き起こした大ベストセラー

1904年、アプトン・シンクレアはシカゴの食肉パッケージ工場で働いた。金のためではない。体験取材だった。06年、彼は体験を小説『ジャングル』にまとめた。シカゴの食肉加工業で移民労働者が資本家に搾取される物語で、最後には労働者の団結と社会党への投票を訴える左翼プロパガンダ小説だ。これが、当時のセオドア・ローズヴェルト大統領まで読む大ベストセラーになった。

『ジャングル』が売れたのはイデオロギーのせいではなく、ヨーロッパから送られた古い肉や、ネズミの糞《ふん》、死体、ネコイラズまでが一緒にミンチにされてソーセージに詰められて売られているという恐るべき実態が暴かれていたからだ。『ジャングル』はアメリカにパニックを起こし、政府が食品衛生を監視する食品医薬品局（ＦＤＡ）を設立するほどの大事件に発展した。

その後、シンクレアはカリフォルニアに移り、社会党から下院議員や州知事選に出馬した。実際には一度も当選しなかったが、ハリイ・タートルダヴ（Harry Turtledove）が２００１年に書いた歴史改変ＳＦ『アメリカン・エンパイア』シリーズではシンクレアが大統領に当選してアメリカが社会主義国になる「もしも」が描かれている。

シンクレアが油田開発で見たもの

１９１６年、シンクレアはロサンジェルス周辺で次々と油田が開発される過程を目にした。アメリカでは土地の所有権と、石油や金鉱などの地下資源の採掘権は別になっている。まだ石油の価値がわからない農民たちは、採掘業者に騙されて、ひどい条件で採掘権を売ってしまう。その土地からいくら石油が出ても地主である農民たちはまるで儲からない。

シンクレアはそれを小説『石油！』に描いた。「お父さん」ことジョー・ロスは裸一貫から油田で億万長者になるが、その息子バニーは父の強欲さに反発し、労働者の権利に目覚めていく。つまり息子が主人公だ。

しかし、これを映画化したポール・トーマス・アンダーソン（以下PTA）は、父を主人公に大胆に脚色した。だから『ゼア・ウィル・ビー・ブラッド』は、『石油！』を「原作」ではなく「インスパイアしたもの」としてクレジットしている。父の役名もジョー・ロスではなくダニエルと改名された。

石油王ドヒニーと「ミルクセーキ」政治家

アプトン・シンクレアは20世紀初頭、社会主義の作家としてベストセラーを連発した
©Bettmann/gettyimages

『石油！』のジョー・ロスにはモデルがいる。

エドワード・ドヒニーという実在の石油王だ。ドヒニーは若い頃はホームレス同然の貧乏人だったが、ロサンジェルスで自らツルハシを振るって石油を掘り当て、それを元手にカリフォルニアの油田を開発して石油王国を築いた。現在、ドジャー・スタジアムがあるあたりも彼が採掘した油田があった。『ゼア・ウィル・ビー・ブラッド』の石油王ダニエル（ダニエル・デイ＝ルイス）が口元にたくわえたヒゲはドヒニーのトレードマークを真似ている。また、劇中のダニエル邸はドヒニーが息子のために建てたビバリーヒルズの邸宅を借りて撮影された。

グレイストーンと呼ばれるこの大邸宅は『永遠《とわ》に美しく…』（１９９２年）や『ビッグ・リボウスキ』（９８年）などハリウッド映画の大邸宅シーンの撮影によく使われている。『ゼア・ウィル・ビー・ブラッド』のクライマックス、ダニエルがラジオ伝道師イーライ・サンデー（ポール・ダノ）と対決するボウリング場も、このグレイストーン邸の地下にある「本物」だ。

ダニエルがイーライに叫ぶ「お前のミルクセーキを飲んでやる！」というセリフは意味不明ながらも強烈なインパクトを残し、公開当時はアメリカで流行語になったが、このセリフも実際にあったドヒニー絡みの事件からの引用だ。

ドヒニーは２２年、全米を揺るがす汚職事件の犯人となった。当時、アメリカ政府はワイオミング州のティーポット・ドームという油田地帯を海軍の緊急石油備蓄のために所有していた。その国有地で、内務大臣のアルバート・Ｂ・フォールはドヒニーなどの業者に石油を採掘させ、賄賂《わいろ》を受け取っていた。その額は現在に換算すると四億円以上。

フォールは有罪になった。

フォールは業者に国家の財産である石油を使わせたことを議会で追及されて不可思議な説明をした。「たとえばあなたがミルクセーキを持っているとする。でも、私のストローが部屋の向こうまで届く長さなら、あなたのミルクセーキを飲むことができるわけだ」

この記録を読んだＰＴＡは「奇怪な返答だから、セリフに使おうと思った」と言っている。

ダニエルはドヒニー邸でボウリングのピンを使ってイーライを撲殺する。この邸宅では実際に殺人事件が起きている。２９年、ドヒニーのひとり息子エドワード・ドヒニーJr.は寝室で自分の運転手ヒュー・プランケットに射殺された。プランケットはJr.の妻ルーシーの実家が経営していたガソリ

『ゼア・ウィル・ビー・ブラッド』の石油王のダニエル（ダニエル・デイ＝ルイス）
©Capital Pictures/amanaimages

ン・スタンドの従業員だったが、Jr.と結婚したルーシーが彼を運転手として召し抱えたのだ。プランケットがJr.を射殺した動機はわからない。その直後に自分の頭を撃ち抜いて死んでしまったからだ。

「地獄」を連呼する伝道師サンデー

ダニエルの宿敵イーライは原作『石油!』にも登場する。主人公が石油を搾取した農家の息子である。イーライにはポールという双子の兄弟がいて、ポールは労働者や農民を救うため、社会主義運動のリーダーになるが暴徒に襲われて殺される。『石油!』ではキリストのように描かれるこのポールをPTAは脚本からほとんど切ってしまった。代わりにクローズアップされるのは、福音派伝道師のイーライだ。彼は神がかり的なパフォーマンスで信者を熱狂させ、ラジオでも伝道し、莫大な寄付を集めていく。

イーライのサンデーという苗字《みようじ》は、当時、凄まじい人気を集めた福音派伝道師、ビリー・サンデーから取られている。リチャード・ホーフスタッター著『アメリカの反知性主義』(1963年)によると、サンデーの敵は知識人だった。

「真っ先に地獄に落ちるのは何千人もの大学卒業者だ」

「神の言葉と違ったことを言うなら、学者は地獄へ行け」

その一方でサンデーは、何も疑わずに聖書の記述を文字どおり信じる無垢な人々を神に祝福された者として称揚し、アメリカに形成されつつあったエリート階級に劣等感を持つ貧しい庶民たちを熱狂させた。

石油産業勃興《ぼっこう》と宗教ブームは裏表の関係だ。発展し続ける資本主義、近代工業社会、都市化の波についていけない素朴な人々の不安につけこんだのが宗教ブームである。日本でも同じだ。新興宗教がブームになったのは、明治維新で近代社会が始まったときと、昭和初期の不景気、それに戦後の高度経済成長の始まりだった。

17年、サンデーはニューヨークに巨大な寺院を建設した。いわゆるメガチャーチだ。栄華を極めた彼の姿は「縞《しま》のスーツ、堅いカラー、ダイアモンドのネクタイピン

左側からふたり目のヒゲの男が「ティーポット・ドーム」事件の主役となったドヒニー
©MPI/gettyimages

や飾りボタン――特製のピカピカの皮靴をはき、スパッツを着け」（田村哲夫訳）、女遊びに行くセールスマンのような成金趣味だったという。

彼のような人間にとって、宗教は石油と同じ、莫大な金を稼ぎ出すゴールドラッシュにすぎない。石油業者と同じ山師なのだ。ただ、神の名を騙《かた》り、正義の仮面を被っているぶん罪が重い。だから、ダニエルはどうしてもイーライが許せず、怒りの鉄槌《てっつい》を下すのだ。

宗教サーカスの醜聞

ビリー・サンデーはシンクレア・ルイスの小説『エルマー・ガントリー』のモデルでもある。

エルマー・ガントリーは流れ者のセールスマン。日本でいうテキヤ、つまり「フーテンの寅《とら》」と同じような男で、大酒飲みで女好き、口もうまけりゃケンカも強いヤクザ者だったが、たまたま、美しいキリスト教伝道師シャロンに一目惚れ《ひとめぼ》して伝道師に加わる。

映画版でエルマーを演じるバート・ランカスターはサーカス出身でスタントマンなしのアクションが売り物。それまでは海賊映画でモリモリの筋肉を見せびらかしていたが、この映画では筋肉よりも日焼けした肌と真っ白な歯が輝くカリスマを演じてアカデミー主演男優賞を受賞した。

　伝道師になったエルマーはアクションたっぷりの身振り手振りで「お前たちはみんな罪人だ！　地獄に落ちるぞ！」と叫ぶ。恐れおののく信者たちにシャロンが「神はすべてを許し給います」と慈悲深く微笑《ほほえ》む。これは典型的な「悪い警官と良い警官」トリック。『太陽にほえろ！』にたとえると、最初はゴリさんが暴力的に容疑者を脅し、次に静かな山さんが優しく慰める。「今頃、お前の故郷は雪だろうな……」容疑者は彼が救世主に見えて「私がやりました！」と降参してしまう。

　エルマーとシャロンの伝道は「宗教サーカス」だ（実際サーカスのテントでやっている）。これが何万もの信者を集めたので、不動産業者が彼らと手を組んで巨大教会を建設して一儲けしようとする。

　さらに放送が始まったばかりのラジオを使って信者を全

バート・ランカスター演じるエルマーは「地獄に落ちるぞ」と信者を脅しあげる

国規模に広めていく。エルマーは既成のローカルな教会を徹底的に攻撃し、日曜日に各地の教会に通っていた信者たちを奪い取ってしまう。彼らはラジオを聞いて、お布施《ふせ》を小切手でエルマーに送った。

エルマーを夢中にさせた「聖女」シャロン（映画ではジーン・シモンズ）は実在の伝道師エイミー・S・マクファーソンがモデル。彼女は当時始まったばかりのラジオ放送で全国に信者を広め、ロサンジェルスに巨大な教会を建てた。

エルマーは「進化論は聖書と食い違う悪魔の教えだ！」などと説教するが、実は神など信じていない。そもそも十代の頃、彼は牧師の娘を籠絡《ろうらく》して捨てて、彼女は勘当されて娼婦《しょうふ》に身を落としたというほど罰当たりな男で、偽善者だ。

彼はただシャロンが欲しかった。しかしシャロンの純粋さを知るうちに彼女を抱くことに躊躇《ちゅうちょ》する。一方シャロンはエルマーの男性的魅力に負けて、自ら身を捧げてしまう。男に抱かれたシャロンはただの女になり、神への献身が揺らいでしまう。

この部分もマクファーソンの事実に基づいている。彼女は1926年に突如失踪した。すぐに発見されたが、実は妻子ある男に夢中になって駆け落ちしようとしたことが判明し、彼女を聖女と崇《あが》めていた信者数は激減した。

テレビ伝道とメガチャーチ

最後に、教団の巨大テントが火事になる。神を信じる善男善女たちは人を押しのけ我先に助かろうとする。唯一、自分を捨てて人々を助けようとしたシャロンだけが火に包まれて死んでしまう。神を本当に信じた彼女だけが神の家の火事で死んでしまうとはなんたる皮肉！

何もかも焼け落ちた。もう神を語る理由を失ったエルマーに、信者たちがすがる。

「私は自分のために他の人を押しのけました。地獄に落ちるでしょうか？」それを聞いたエルマーは一瞬、暗澹たる表情になる。こいつら、さっきまで神に命を捧げると言っていたくせに……。

しかし、すぐに彼はいつもの輝くような笑顔を作って「大丈夫ですよ！」と許しを与える。人はみんな弱い生き物だ。彼らには神は必要なんだ。

しかし、教団の人々から

エルマーと組んで教団を拡大する「聖女」シャロン（ジーン・シモンズ）
©Archive Photos/gettyimages

伝道を続けてくださいと請われたエルマーはそれを断る。そして新約聖書「コリント人への第一の手紙」十三章十一節を暗唱する。

「私たちが幼な子であったときには、幼な子らしく語り、幼な子らしく感じ、また、幼な子らしく考えていた。しかし、おとなとなった今は、幼な子らしいことを捨てた」

それは、もう、こんな子どもじみたことはやめるんだ、という決別の言葉である。エルマーはここで初めて、ショーとしての伝道ではなく本当の信仰に目覚めた、という見方もあるが、とにかく彼はサーカスじみた商売を「卒業」した。

しかし、アメリカは今も、テレビ伝道とメガチャーチが隆盛を誇り、政治に影響を与え続け、人工中絶や同性愛や進化論を攻撃し、福音派というだけでブッシュ大統領に投票し、彼は石油のためにイラク戦争を起こした。

エルマーが語った「コリント人への第一の手紙」十三章十一節はオバマ大統領も2009年の就任演説で引用していた。イデオロギーで争うなどという子どもじみた真似はやめて、危機にあるアメリカを立ち直らせるために超党派で協力しようという呼びかけだ。だが、共和党はひたすらオバマの法案を邪魔し、改革の足を引っ張り続けた。特にオバマ政権が提案した石油業界への税金優遇中止には徹底的に反対した。もちろん石油業界と共和党議員の繋がりが深いからだ。

『エルマー・ガントリー』に描かれる「宗教サーカス」は今でもアメリカで続いている
©Silver Screen Collection/gettyimages

第9章

『何がサミーを走らせるのか？』

金はやるから、これを絶対に映画化しないでくれ！

What Makes Sammy Run?

1959年
監督　デルバート・マン
脚本　バッド・シュールバーグ
　　　スチュワート・シュールバーグ
出演　ラリー・ブライデン
　　　ジョン・フォーサイス
　　　バーバラ・ラッシュ

スピルバーグも挫折《ざせつ》した映画化

「コピー!」

アル・マンハイムはコピー・ボーイのサミーを呼んだ。

『何がサミーを走らせるのか?(What Makes Sammy Run?)』は、1930年代ニューヨークのローカル紙編集部で始まる。コピー・ボーイといっても当時はまだコピー・マシンは存在しない。コピー・ボーイの仕事は、記者が記事をタイプしたときに一緒に作られた数枚のカーボン・コピーを、デスクや校閲や印刷部に配達することだ。コピー・ボーイは郵便を社内で配達するメール・ボーイと同じく、十代の少年の仕事だが、コピー・ボーイからキャリアを始めた者には、CBSテレビのアンディ・ルーニーや作家ジョン・アップダイクなどがいる。

演劇批評のコラムを書くアル・マンハイムに呼ばれて走って来たコピー・ボーイはサミー(サミュエル)・グリック。ニューヨークで最も貧しいイーストサイドのユダヤ系移民の息子。まだ十六歳だ。そのときは誰もサミーが将来ハリウッドを支配するとは夢にも思わなかった。

貧しい少年サミーのサクセス・ストーリー『何がサミーを走らせるのか？』は、エリア・カザンの名作『波止場』（１９５４年）の原作・脚本で知られるバッド・シュールバーグが４１年に発表した小説。５９年にはＮＢＣテレビで二時間ドラマになった。監督は『マーティ』（５５年）でアカデミー監督賞を受賞したデルバート・マン。６４年にはブロードウェイでミュージカルにもなった。しかし一度も映画化されていない。ハリウッドが舞台なのに。

小説が売れるとすぐにＭＧＭの立役者サミュエル（サミー）・ゴールドウィンが著者シュールバーグに大金をオファーした。映画化権を買うためではなく、「この金をやるから『何がサミーを～』は絶対に映画化しないでくれ」と頼んだという。

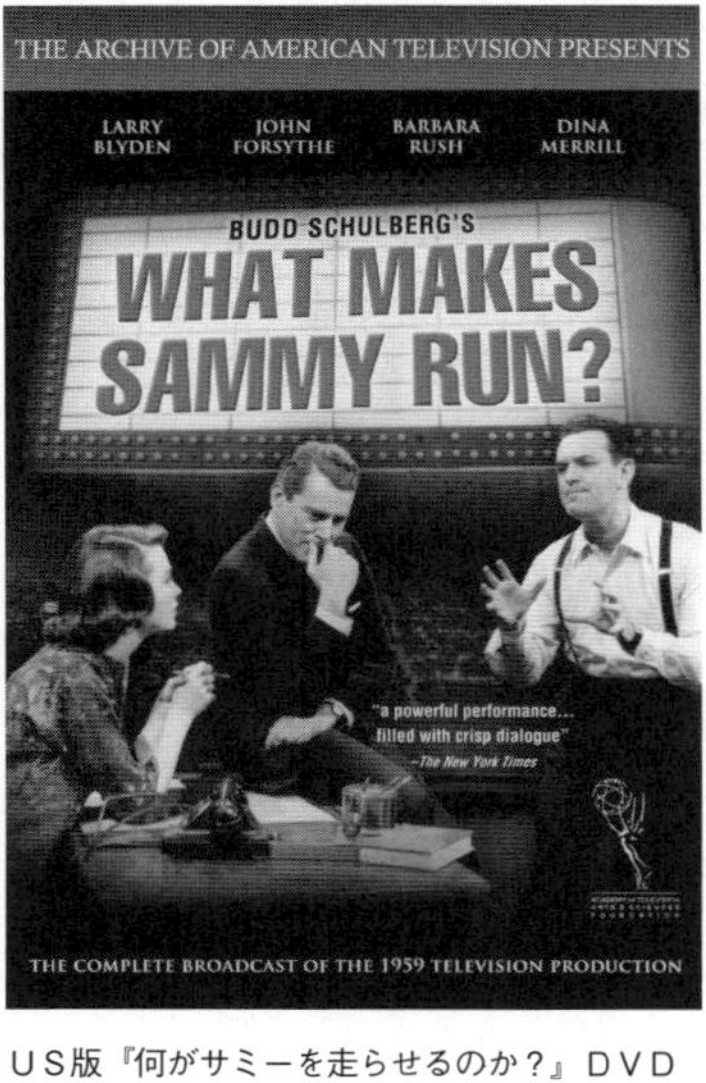

ＵＳ版『何がサミーを走らせるのか？』ＤＶＤジャケット

５７年、ユナイテッド・ア

ーティスツがミッキー・ルーニーのサミー役で撮影を開始すると報じられた。その後、主演はフランク・シナトラに変更されたが、撮影は始まらなかった。

８９年１月、ワーナー・ブラザーズが『ロッキー』（７６年）のジョン・アヴィルドセン監督、『摩天楼《ニューヨーク》はバラ色に』（８７年）のマイケル・J・フォックスのサミー役で『何がサミーを〜』の製作を発表。その年の７月に監督は巨匠シドニー・ルメットに変更された。二年後、アル役をトム・ハンクスで企画は続いていると報じられた。さらに同じ年、シドニー・ルメットが「サンフランシスコ・クロニクル」紙のインタビューでサミー役をトム・クルーズに替えて撮影すると語った。しかし、それっきり『何がサミーを〜』の話は聞かなくなった。

２００６年になって、スティーヴン・スピルバーグの会社ドリームワークスが『何がサミーを走らせるのか？』の映画化権をワーナーから二百六十万ドルで買い取った。サミー役にベン・スティラーで映画化すると報じられた。しかし、著者シュールバーグ自身は「映画産業に批判的すぎるから無理だと思うよ」と発言。０９年、スピルバーグは新聞で『何がサミーを〜』の映画化を断念したと明かした。「これは反ハリウッド的すぎる。映画化すべきじゃないね」と。

「金ピカ時代」

以下は１９５９年のテレビ版『何がサミーを〜』（アメリカ版ＤＶＤ）を基に解説していく。

サミー（テレビ俳優ラリー・ブライデン）はアル・マンハイム（『チャーリーズ・エンジェル』でチャーリーを演じたジョン・フォーサイス）を「師匠《メンター》」と呼んで熱心に彼から劇作の批評のポイントを学ぶ。サミーは要領がいいので呑《の》み込みは早かったが、教養はなく、本を読まなかった。それは頭が悪いからではなく、自分以外のことにまったく興味がないからだ。

「僕の頭の中は、こんな言葉でいっぱいです。サミー・グリック、サミー・グリック、

『イヴの総て』でイヴ（中央）は、大女優マーゴ（左）を踏み台に出世する

サミー・グリック、サミー・グリック！」

「怖いね」と笑うアルだが、サミーのエネルギッシュなカリスマ性に魅了されている自分にも気づく。

ある日、サミーはアルの書いた原稿を勝手に書き直して、それを上司に見せて評価される。これでサミーはラジオ欄のコラム書きに抜擢《ばってき》され、アルと机を並べる。

だが、それもつかの間だった。サミーは脚本をハリウッドの大物エージェント、マイロン・セルズニック（『風と共に去りぬ』の大物プロデューサー、デイヴィッド・O・セルズニックの兄）に送った。アメリカでは脚本家や小説家はタレントと同じようにエージェントと契約し、エージェントが出版社や映画会社に売り込む。サミーの脚本は映画化されることになり、彼は気鋭のシナリオ作家としてハリウッドに招かれる。

作中でも言及されるが、サミーはホレイショ・アルジャーの小説の主人公を思わせる。ホレイショ・アルジャーは、19世紀の少年小説作家。「ボロから金持ちへ（Rags to riches）」という慣用句の基になった小説『ラグド・ディック』（邦題『ぼろ着のディック』、1868年）では、ニューヨークの路上で生活する靴磨きの少年が身を粉にして実直に働き、コツコツとお金を貯《た》め、寝る暇も惜しんで本を読み、仕事で評価されて、中産階級の幸福を摑《つか》む。アルジャーはそんな少年小説を大量に書いた。

「誰でも一生懸命頑張れば、いつかは自分の家くらいは持てる」

当たり前のようだが、それは少数の資産家と大量の貧しい労働階級にきっぱりと分断された大英帝国では想像もつかなかったことだ。当時のアメリカは、南北戦争が終わって「金ピカ時代」が始まっていた。鉄鋼、石炭、石油産業が急激に発展し、1894年には工業生産力はイギリスを抜いて世界一になった。アメリカン・ドリームが作られていく中で、ホレイショ・アルジャーの小説はその聖書《バイブル》になったのだ。

だから、ハリウッドに旅立つサミーを、新聞社の社員たちは愛国歌「アメリカ・ザ・ビューティフル」を合唱して温かく見送る。貧乏な移民の子でも、努力次第で成功を摑める国アメリカ、それを讃えよう、と。

脚本泥棒たち

しかし、実際はビューティフルでも何でもなかった。彼がハリウッドに送ったシナリオは、ジュリアン・ブラムバーグという駆け出しの脚本家がサミーに持ち込んだものだった。彼はそれを自分ひとりで書いたと偽って、盗んだのだ。

『何がサミーを走らせるのか？』は、『イヴの総《すべ》て』（1950年、ジョセフ・L・マンキーウィッツ脚本・監督）に似ている。大女優マーゴ（ベティ・デイヴィス）が田舎から出てきた貧しい少女イヴ（アン・バクスター）を付き人に雇う。信長に仕えた秀吉のように、熱心に献身的に働くイヴはマーゴだけでなく、周囲の業界人すべてから可愛《かわい》がられる。しかし、イヴはマーゴを巧みに操り、彼女の技術も仕事も盗んで女優として成功する。イヴは自分以外のすべてを踏み台として利用して出世することしか考えていない女だった……。

『何がサミーを走らせるのか？』は『イヴの総て』の九年前に出版されている。作者バッド・シュールバーグの父Ｂ・Ｐ・シュールバーグはハリウッド黎明期《れいめいき》の映画プロデューサーで、サイレント時代のセクシー女優クララ・ボウの諸作品で知られている。母エイドリアンはハリウッドの大物エージェント。シュールバーグ自身も大学卒業後、デイヴィッド・Ｏ・セルズニックの下でスクリプト・ドクター（脚本のリライト役）として働いた経験がある。

「私はハリウッドで育った」

シュールバーグは言う、「私が映画業界で見てきた複数の人物を合成したのがサミーだ」。

サミーのモデルのひとりと言われているのが、ジェリー・ウォルド。ジェリーは学生時代に、サミーと同じくニューヨークのタブロイド紙にラジオについてのコラムを書き始めた。ウォルドは、『カサブランカ』（４２年）の名脚本家ジュリアス・エプスティンが新人時代に書いた脚本を盗んだと言われている。だからサミーに脚本を盗まれる男の名はジュリアンなのだろう。

映画がヒットしてサミーは天才脚本家として注目され、ハリウッドの大手映画会社ワールド・ワイド（架空）と契約、グラマー女優ジ・ジ・モルナーリの新作映画の脚本を任される。これは難題だった。ジ・ジはおっぱいばかり大きくて、演技力はゼロ、しかも外国から来たばかりで英語の訛りがきついからだ。彼女は明らかにハンガリー出身のグラマー女優ザ・ザ・ガボールのパロディだ。

ここは弱肉強食の世界

それ以上に問題なのはサミーだった。彼は相変わらず脚本を書く技能もなければ、そのための修業や勉強もしなかった。ただ悪知恵だけは働く。彼は、師匠であるア

才能はないが押しだけは強いサミー（左）は口八丁手八丁でハリウッドをのし上がる

ル・マンハイムをハリウッドに招いて、自分の下で脚本を書かせようとする。

ハリウッドにやって来たアルはサミーに女流作家キット・サージェント（バーバラ・ラッシュ）を紹介される。アルは彼女を作家として尊敬していたが、美しい本人と出会って一目惚れしてしまう。

「ジ・ジを主役にして、南太平洋の島を舞台にした話を考えろと言われた」

サミーはアルとキットに相談する。

ふたりはサミーに、サモア島に来た宣教師の話をする。折しも雨季で、激しい雨が降り続けるなか、宣教師と一緒に島に来たひとりの娼婦が客を取り始める。宣教師は彼女に苛立《いらだ》ち、ついに一晩、彼女の部屋で説教をするが、翌日、彼は自殺する。娼婦に誘惑されたのではないかと医者が彼女に会いに行くと、娼婦は「男なんかみんな豚よ！」と叫んで泣いていた。おそらく宣教師は説教するうちに欲情にかられて彼女に襲いかかったのだ……。

「それだ！」サミーが叫ぶとキットは「でも、これはサマセット・モームの『雨』という有名な短編小説よ」と笑う。しかもすでに１９３２年にジョーン・クロフォードの娼婦役で映画化されているのだ。

「……じゃ、じゃあ、設定をひっくり返して宣教師役をジ・ジにやらせる！」苦し紛れにサミーが言うとアルは「裸を見せるしか能のない女優だろ！」と、呆れる。

「じゃあ、暴風雨で服が破れて裸になればいい！」サミーの無茶な思いつきにアルは匙《さじ》を投げて出て行ってしまう。その後ろ姿にサミーが「アル、あんたは知的（intelligent）だが、賢い（smart）男じゃないな」という言葉を投げる。アルは「ああ、君と正反対だ」と答えてドアを閉める。

しかし、キットはその部屋に残っていた。彼女は知的にはサミーに反発しながら、女性としてはサミーの強引さに魅《ひ》かれていたのだ。

「キット、君はここが弱肉強食（Dog eat dog）の世界だって知ってるね。奴らがおれの尻を追ってる間におれははるか先に行く」

「まるでドッグレースの犬みたいね。でもあなたが追いかけるのは機械仕掛けのウサギじゃなくて『名声』ね」

「違う。富もだ。それを忘れるな」

まるで宗教の教祖

後にアルとキットはジュリアン・ブラムバーグの脚本を盗んだことでサミーを責める。「フェアじゃない」と。

サミーは鼻で笑う。「フェアがどうした？　ここは幼稚園じゃないぞ」

ところがそのジュリアンもサミーに懐柔されてしまう。「君の作品を盗んだのではなく、おれが売ってやったのだ」と逆に恩を着せられたジュリアンはサミーの下で脚本を書き続ける。皆、サミーを憎みながらも、どうしても彼に抗《あらが》えず、彼の下に集まってしまう。

この展開は後にシュールバーグがエリア・カザン監督のために書いた『群衆の中の一つの顔』（1957年、本書第12章）に似ている。テレビ司会者ロンサム・ローズは庶民の立場で金持ちや政治家を批判して人気者になる。しかし本当は自分に踊らされる大衆を蔑視していた。ヒロインはその事実を知り、しかもロンサムに女として弄《もてあそ》ばれ、踏みにじられるが、それでもロンサムを愛し、彼に仕えることをやめられない。まるで麻薬中毒のように。

サミーはまるで宗教の教祖だ。彼は自分の思想をこう語る。

「おれにとって良いことは正しい。おれにとって良くないことは、不道徳で、憲法に反している」

ヒットラーも似たようなことを言ってなかったか、と指摘されたサミーは微笑む。

「じゃあ、きっとヒットラーがおれからパクったのさ」

人間発電機

ワールド・ワイド映画社の創立者シドニー・ファインマンもサミーに魅了されたひとりで、サミーを自分の息子のように可愛がった。貧乏から脱出できなかった父を軽蔑していたサミーもファインマンを実の父のように慕った。ところが、同社に出資する銀行家ハリントンから「ファインマンはもう古い。彼をクビにして、ワールド・ワイドを君に任せたい」と言われたサミーはそのオファーに飛びついてしまう。

　しかもサミーは銀行家ハリントンのひとり娘ローレットと恋に落ちてしまう。ローレットは傲慢きわまりない女だったが、サミーと通じるものがあったのだ。

「サミー・グリック」と書かれたディレクターズ・チェアを贈られた脚本家バッド・シュールバーグ
©Jim Mendenhall/gettyimages

「あなたはまるで人間発電機ね」

ローレットはサミーに言う。

「モーターの音を聴かせてちょうだい」

「サミー・グリック、サミー・グリック、サミー・グリック、サミー・グリック！」

「ああ、振動を感じるわ」

サミーはローレットと結婚することにする。「一石二鳥だ」と言いながら。

「すべての結婚式を終わりにする」と言われたほど豪華な結婚式が開かれる。ワールド・ワイドの社長になったサミーは人生の頂点にあった。その祝いの席に知らせが届く。前社長のファインマンが自分の頭を拳銃で撃ち抜いて自殺したのだ。自分のやったこととはいえ、さすがにショックを受けたサミーがふらふらと寝室に入ると、花嫁ローレットが二枚目俳優をベッドに引きずり込んでいた。現場を押さえられても彼女は悪びれずに言う。

「あんたは欲しかった地位を得た。だから私も欲しいものをもらうだけよ」

「こうして生きるしかないからよ」

『何がサミーを走らせるのか？』は、シェイクスピアの『リチャード三世』、ジョージ秋山《あきやま》の『銭《ぜに》ゲバ』、山崎豊子《やまさきとよこ》の『白い巨塔』などと同系列の「悪の立身出世」物語ではあるが、シュールバーグの視点はそれにとどまらない。

ローレットは冷たく言う。

「あなたもしょせん使い捨てなのよ」

ハリウッドのタイクーンなど、東部の資本家の下で働く小間使いにすぎない。今も昔も。

結局、アルはキットと結婚し、ハリウッドを去ることにする。ワールド・ワイドの社長室に座るサミーに別れを告げに来たアルは最後に問う。

「サミー、何が君をそんなに走らせるんだ？（What makes you run?）」

代わりに答えよう。それはアメリカン・ドリームだ。

１９１０年代に入ってアメリカが世界の資本主義の頂点に立ち、享楽的な消費社会になると、真面目なだけのホレイショ・アルジャーの小説は売れなくなり、ただRags to richesという言葉だけが残った。勤勉と実直という価値観が抜け落ちて、どんな汚い手を使ってでも、この社会のピラミッドをよじ登ることだけが目的化された。

サミーは答える代わりにアルに問い返す。

「君たちはなぜ、おれを追い続けるんだ？」

人々はアメリカの血も涙もない資本主義、競争主義、営利主義と、その中で成功する人々を憎みながら、同時に羨《うらや》み、憧れることをやめられない。絶句するアルの代わりにキットが答える。

「こうして生きるしかないからよ」

当時、シュールバーグは密かにアメリカ共産党に所属していた。しかし結局、共産主義にも幻滅して脱退する。資本主義は恐ろしい。でも我々には他に選択の余地がないのだ。

アルたちが去った後、サミーはひとしきり電話をしてから、鞄《かばん》を摑んでオフィスを出る。

「行かなきゃ（I got to run）」と言いながら。

それは「走るしかないんだ」という意味にも聞こえる。

第10章

『群衆』

Meet John Doe

1941年

監督　フランク・キャプラ

脚本　ロバート・リスキン

出演　ゲーリー・クーパー

バーバラ・スタンウィック

ポピュリズムの作り方

全国の「ジョン・ドー」よ、目覚めよ

真珠湾攻撃直前の1941年、アメリカでは29年の大恐慌から始まった不景気が続いていた。「ブルティン」という新聞社も経営難で、大資本家D・B・ノートンに買収され、「ニュー・ブルティン」と紙名を変える。

経営変更に伴い、社内では大規模なリストラが行なわれ、女性編集者アン・ミッチェル(バーバラ・スタンウィック)はコーネル編集長から「デカい花火がなかったから(スクープを取らなかったから)」という理由でクビを告げられる。

「わかったわ、最後に花火をくれてやる」

アンは退社前に読者欄の原稿を入稿する。

「おれは失業してもう長い。政府に抗議するため、クリスマスイブの真夜中に市庁舎の塔から飛び降り自殺してやる。ジョン・ドー」

ジョン・ドーとは「名無しの権兵衛《ごんべえ》」という意味。

翌朝、新聞を読んだ読者から市長に抗議の電話が、新聞社にはジョン・ドーへの寄付

と「彼と結婚したい」という女性からの申し出が殺到した。編集長はアンを呼び出した。

ジョン・ドーって誰だ?

「そんな人いません。あの投稿は私のデッチ上げです」

逆にアンは編集長を脅迫する。捏造原稿を掲載したことをバラされたくなければ再雇用しろと。

ところが新聞社には「おれがジョン・ドーだ」と言い張る浮浪者たちが集まっていた。

「彼らの中から誰か雇ってジョン・ドーを演じてもらいましょう!」

かくしてジョン・ドーのオーディションが始まる。次々と出てくるのは、根本敬的な意味で「イイ顔」の酔っ払いのオヤジばかりだが、ひとりだけ、ハンサムなホーボー(流れ者の労働者)が混じっていた。ア

「ジョン・ドー」にさせられた主人公(ゲーリー・クーパー)とその相棒で冷笑的なビーニー
©Silver Screen Collection/gettyimages

ンはゲーリー・クーパー演じるこのホーボーに一目惚れし、彼を庶民の英雄ジョン・ドーへと作り上げていく。

ジョン・ドーはラジオで演説をする。演説の原稿は、アンが、死んだ父親の遺した日記を基にして書いた。

「みなさん、私はごく普通の男です」

ジョンは、弱き庶民の団結を訴えた。

「全国のジョン・ドーよ、目覚めよ！」

そのスピーチは不況にあえぐ国民を熱狂させ、「ジョン・ドー・クラブ」という草の根市民団体が全米各地に発生し、ジョン・ドーは国民的なカリスマへと祭り上げられていく。

ポピュリズムの爆発

「ジョン・ドーに会え（Meet John Doe）」という原題を持つ映画『群衆』（１９４１年）は、巨匠フランク・キャプラ監督作の中で、たえず政治的な論争を呼び続けている問題作だ。

「ジョン・ドー・クラブ」の熱狂は、エリートである政治家よりも、学も何もないジョン・ドーのような「普通の庶民」こそが国民の代表として国のリーダーになるべきだ、というポピュリズム（大衆主義）の爆発だ。

キャプラ監督作『スミス都へ行く』（３９年）はそんなポピュリズムのファンタジーだ。純朴なスミス（ジェームズ・スチュワート）は田舎町のボーイスカウトのリーダー。急死した上院議員の代理として首都ワシントンに行くが、政治のプロたちの腐敗ぶりに失望する。しかし「人民の人民による人民のための政府」というリンカーンの理想を胸に戦い、勝利する。

アメリカは、イギリスの貴族に対する大衆の反乱から革命を経《へ》て建国した国であるゆえ、歴史上何度も、大衆による政治エリートへの反乱が起こっている。

オバマ政権下でも、それは起こった。

２００９年4月15日、オバマ大統領就任以来初めての税金申告締切日に、全米の市庁舎前にオバマ政権に反対する人々が集まった。彼らは、金融危機の救済に公的資金を使うオバマに反対する「ティー・パーティ」だと宣言した。その名前は、植民地時代のアメリカが、宗主国イギリスが紅茶に課した税金を拒否して起こした「ボストン茶会《ティー・パーティ》事件」に基づいており、参加者たちは独立戦争時の衣装を着て、「建国の父の精神を思い出せ」とアジった。

ティー・パーティ運動は拡大し、１０年の中間選挙では共和党内に独自の推薦候補を擁立し、現役の共和党穏健派議員をはじき出すほどの勢いとなった。

ティー・パーティ政治家たちはラジカルだった。たとえばウィスコンシン州知事に立候補したスコット・ウォーカーは州職員の合理化を公約に掲げ、「小さな政府」を求めるティー・パーティに熱烈に支持されて当選した。彼は、すぐにそれを実行し、消防士や警察官、学校の教師たちは職場や給料や福利厚生や交渉権を奪われた。

ティー・パーティ運動は「ジョン・ドー・クラブ」になぞらえられた。賛同者からも、批判者からもだ。なぜなら……。

アストロターフ

映画『群衆』の「ジョン・ドー・クラブ」は、今で言う「アストロターフ」だった。

アストロターフとは室内球場アストロドームに植えられた人工芝のことで、ニセの草の根運動を指す。「ニュー・ブルティン」紙の経営者D・B・ノートンは、アンを高額のボーナスで雇ってジョン・ドーをプロデュースさせ、全米に所有する新聞やラジオのメディア網を駆使して、ジョン・ドー・クラブを宣伝し、組織化したのだ。

ジョン・ドー・クラブは民主党も共和党も超える第三勢力となった。大恐慌は共和党が起こしたものだが、民主党のフランクリン・D・ローズヴェルト大統領が打ち出したニュー・ディール政策でも、アメリカはまだ不況から脱出していなかった。二大政党に失望した国民は第三の選択肢を求めていたからだ。そろそろチャンスだ。ノートンはジョン・ドー・クラブ推薦の候補者として大統領選に出馬しようとする。経済だけでなく、アメリカという国をも支配するために。

ティー・パーティもまたそうだった。彼らはマスコミに対して「これは市民の自発的な草の根運動だ」と称してきた。しかし、実は、背後からコーク兄弟という大資本家に操られていた。

２００９年４月15日の最初のティー・パーティ集会をネットなどで呼びかけ、集会を組織したのは、ＡＦＰ（繁栄を求めるアメリカ人）という市民運動団体だった。その後も、ＡＦＰは各地でティー・パーティ集会を呼びかけ続け、地方の運動家に無料でバスツアーを提供したりして、反オ

貧しい庶民の代表だったジョン・ドーはいつしか政治家の「道具」となった

バマ運動の「ハブ（軸）」として機能している。そして、ＡＦＰこそは、コーク兄弟が０４年に創設した団体なのだ。

ティー・パーティの黒幕コーク兄弟

コーク兄弟とＡＦＰとティー・パーティとの密接な関係を決定的に暴いたのは、２０１０年８月号の「ザ・ニューヨーカー」誌に掲載されたノンフィクション作家ジェーン・メイヤーによるＡＦＰのセミナーへの潜入ルポだった。そこでは五百人のティー・パーティ運動家が、理論武装、宣伝活動、オルグの方法などについて講義を受け、選挙で落選させるべき民主党議員のリストが配られた。セミナーの主催者は１９９４年からコーク兄弟の下で働いており、「コーク兄弟はＡＦＰの取締役会長です」と明言する。

コーク兄弟が株式の84パーセントを独占するコーク・インダストリーズはアメリカで二番目に大きな非上場企業である。石油化学工業のコングロマリットで、ガソリンや軽油、アルコール、天然ガスなどの燃料はもちろん、化学繊維や合成樹脂、化学肥料などの石油化学製品、製紙、畜産業までを牛耳っている。

コーク兄弟の敵は、富裕層や大資本に対する課税と規制。彼らが言う「大きな政府」

という考えだ。特に石油化学という業種ゆえ、環境汚染に対する規制はいちばんの邪魔ものだった。

弟のデヴィッド・コークも、D・B・ノートンのように第三党からホワイトハウスを目指したことがある。79年、リバタリアン党からエド・クラークが大統領に立候補したとき、三十九歳のデヴィッドは副大統領の指名を受けたのだ。ただし、掲げた政策は、ソーシャル・セキュリティ（社会保障＝アメリカの年金制度）と最低賃金法の廃止、個人および法人の所得税の廃止、という、アナルコ・キャピタリズム（無政府資本主義）の極致のようなものだったので、得票率はわずか1パーセントに終わり、共和党のロナルド・レーガンが圧勝した。

この惨敗の反省からか、コーク兄弟は表舞台から引っ込み、ティー・パーティを裏から操って、共和党を内部からコントロールする戦法を選んだらしい。

二千年前にいた「ジョン・ドー」

『群衆』のジョンは自分がノートンに利用されていたことを知り、反逆するのだが、先にノートンによって彼がジョン・ドーを演じていただけだったことを暴露され、裏切り者として民衆から憎まれる。『スミス都へ行く』であれほど無邪気にポピュリズム賛歌をうたい上げたキャプラはここで、「普通の人間」がいかに簡単に政治的に利用されるかを描いている。また、メディアによって大衆がいかに簡単に操られるかも。その意味で『群衆』という邦題は実に本質を突いている。

キャプラは『群衆』の結末を悩みに悩み、いくつかのエンディングを試作したという。そのうちのひとつは、ジョンが本物のジョン・ドーとなるべく、最初の手紙どおりに市庁舎の塔から飛び降りて自殺するというものだった。結局は彼を愛したアンが自殺をやめさせる結末になった。彼女はこう説得する。

「二千年前にもう、ジョン・ドーは死んだのよ！」

それはイスラエルの貧しい大工だったキリストのことだ。キャプラはシチリア島からの移民で敬虔《けいけん》なカソリックだった。アンは高熱で気を失い、ジョンに抱きかかえられる。その姿はピエタ（死んだキリストを抱きかかえるマリアの像）を模している。わずかに残ったジョン・ドーを信じ続ける人々が、ふたりを囲む。彼らはもちろん、キリストの使徒たちを意味している。ジョンは、一度は社会的に死んだが、本物のジョン・ドーとして蘇り、信徒たちを導くだろう。

「見ろ、彼らが大衆《ピープル》だ」

正義に目覚めた「ニュー・ブルティン」紙の編集長がノートンに言う捨てゼリフで映画は終わる。しかし、観客の目には彼らは新たなカルトの誕生にしか見えない。それに、あれほど扇動されやすくて移り気で無責任でレミングのように愚かな群集心理をさんざん見せられた後で大衆を称揚しても遅すぎる。

クリスマスイブにジョン・ドーは「蘇る」のであった

キャプラの本音はむしろ、ジョンの相棒だった浮浪者の老人ビーニーに託されているのではないか。ビーニーはジョンが受け取る莫大な報酬を見ても、ジョンの隣人愛と愛国心にあふれたプロパガンダを聞いても「くだらん」としか言わない。ビーニーは金や地位や権力や生活や家族やコミュニティや、すべての社会的な価値を「くだらん」と切り捨てる。

「そんなものは全部、自由の邪魔だ」

ビーニーのように群れから外れることも「アメリカ人らしさ」であることがひとつの救いに思える。『群衆』の公開直後、真珠湾が攻撃されて、アメリカは挙国一致の戦時体制に突入し、キャプラは政府のために、敵国ドイツや日本の恐ろしさをプロパガンダする国策映画を作り始めるのだが。

第11章

『摩天楼』

The Fountainhead

リバタリアンたちは今日も「アイン・ランド」を読む

1949年
監督　キング・ヴィダー
脚本　アイン・ランド
出演　ゲーリー・クーパー
パトリシア・ニール

モダン建築は「恐怖の対象」だった

エドガー・G・ウルマー監督のホラー映画『黒猫』（1934年）はエドガー・アラン・ポー原作とクレジットされているが、ポーの短編『黒猫』（1843年）とは、ほとんど何も関係がない。ヨーロッパに新婚旅行に来た夫婦がボリス・カーロフ扮するポールジッグという男の館《やかた》に囚《とら》われる、という話だ。

『黒猫』が映画史に残っているのは、その美術デザインだ。ホラー映画に登場する屋敷は、おどろおどろしいゴシック建築と決まっているが、このポールジッグの屋敷はモダニズム仕様なのだ。装飾を排し、直線と曲線のシェイプを活かしたシンプルなデザイン。フロアを壁で仕切って小さな部屋に分割するのではなく、ひとつの広いスペースのまま残している。それはこの映画公開後、四半世紀経ってから一般化したセンスだ。

ポールジッグという役名は、実在の建築家ハンス・ポエルツィックから取られている。『黒猫』の脚本を書いたエドガー・G・ウルマーは、オーストリア出身で、ベルリンの映画界で働いていた。主にフリッツ・ラング監督の下についたが、ポール・ウェゲナー監督・主演の『巨人ゴーレム』（20年）にもついた。その『巨人ゴーレム』のセット・デザインをしたのが、ポエルツィックだった。建築家としてのポエルツィックは、装飾を排した機能的な、モダンな建築デザインで知られている。

モダニズムは20年代ヨーロッパで起こっていたデザイン革命だが、それを主導したデザイン学校バウハウスはヒットラーによって閉鎖された。バウハウスの校長ミース・ファン・デル・ローエはアメリカに渡り、ニューヨークのシーグラム・ビル（58年）に代表される、四方をガラスで囲まれた四角い高層ビルを設計した。それは全世界のオフィスビルのスタンダードになり、インターナショナル・スタイルと呼ばれた。

だが、この『黒猫』の時代には、モダン建築は異端だった。恐怖の対象だった。人間くささを感じさせないシンプルなデザインは、悪役ポールジッグの冷酷さの象徴として使われている。

これってレディ・コミ？

メロドラマの巨匠キング・ヴィダー監督の『摩天楼』（1949年）でもモダニズム建築家は異端として描かれている。ゲーリー・クーパー演じるハワード・ロークは、ミース・ファン・デル・ローエと並ぶモダニズム建築家、フランク・ロイド・ライトをモデルにしている。原題の「水源（The Fountainhead）」とは、次々と新しいアイデアが湧き出すロークを指している。

映画は20～30年代、若きハワード・ロークが建築学校や建築事務所で「デザインが斬新すぎる」と否定されるモンタージュで始まる。当時はローマ風の新古典主義や、エンパイア・ステート・ビルのようなアール・デコが主流であり、ロークのように装飾を排したデザインは異端だった。

年を経たロークは、ある銀行の本社ビルの設計を依頼されるが、モダンな完成予想図を見たクライアントは「素晴らしいが、極端すぎる」と、新古典主義の装飾を加えるよう要求する。ロークは「私は絶対に妥協しない」と仕事を降り、建築家としての仕事は来なくなる。

ロークは採石場で肉体労働をする。逞しい肉体に玉の汗を浮かべて働く彼をじっと見つめている女がいる。ドミニク（パトリシア・ニール）は近所に住む大金持ちの娘。プライドの高いドミニクは今までどんな男にも夢中になったことがなかったが、ロークに一目惚れしてしまう。岩にドリルでぐりぐり穴を掘るクーパーに彼女が欲情する描写はわかりやすすぎて、まあエッチ。

ドミニクはわざと暖炉の大理石に傷をつけて、その修理と称してロークを自分の部屋に引きずり込もうとする。しかし、金持ち女に支配されるのを嫌うロークは採石場を辞めてしまう。ドミニクは自分を袖《そで》にしたロークを馬で追いかけ、彼の頬《ほお》に乗馬鞭を食わせる。その夜、ドミニクの寝室の窓からロークが夜這《よば》いをかけ、彼女を荒々しく征服し、満足させてまた窓から去っていく。

何ですか、これ？　レディ・コミ？

リバタリアンの女神アイン・ランド

採石場で削岩機を使うロークの姿に令嬢ドミニクはたちまち心を奪われるのだった

実は『摩天楼』は当時、酷評されて興行的に失敗し、今でもトンデモ映画のランキングによく登場する怪作なのだ。だが、一方で、これが大傑作だと信じて疑わない人々も存在する。

アイン・ランドの信者たちである。

『摩天楼』の原作者アイン・ランドは、今もリバタリアンや新自由主義経済の信奉者から熱狂的に支持されている作家だ。彼女はアリサ・ローゼンバウムとして1905年にロシアの裕福なユダヤ系家庭に生まれたが、17年のロシア革命で、父の財産は奪われた。それ以来、彼女は共産主義に対する憎しみを生涯抱《いだ》き続けた。

25年、アイン・ランドはアメリカに渡った。当時はいわゆる「狂乱の20年代」。人々はバブル経済の好景気に浮かれ、パーティと酒とセックスとダンスを楽しんでいた。それはランドにとって自由と個人主義のパラダイスだった。

しかし、29年の大恐慌で暴走しすぎた株式バブルは崩壊。ローズヴェルト大統領によるニュー・ディール政策が始まった。公共事業を軸にした社会主義的な政策で、ランドはアメリカの理想が失われるように感じた。

ランドは最初、ハリウッドで映画の脚本家を目指したが、作家に転向し、43年に書いた小説『水源』はベストセラーになった。ハリウッドで映画化されるにあたり、ランドは自分で脚色することを条件とした。『摩天楼』の冒頭には『水源』の原作本が高層ビルのようにそそりたち、ランドの名前は大スター並みの扱いを受けている。

建築家フランク・ロイド・ライトの影

明らかにランド自身を投影したヒロインのドミニクは、ニューヨークの大新聞「ザ・バナー」紙の建築コラムニストで、人気建築家ピーター・キーティングと婚約していたが、彼の才能が凡庸だと気づいて婚約を破棄する。しかし、「ザ・バナー」紙のもうひとりの建築コラムニスト、エルスワース・トゥーヒーはピーターを積極的に評価する。ちなみに、ひとつの新聞が社員スタッフとしてふたりも建築コラムニストを抱えているという状況は、当時でもあり得なかったそうで、よく批判されている。

今なお崇拝されるアイン・ランド
©New York Times Co./gettyimages

そんなドミニクは建設が始まった高級コンドミニアムの完成予想図を見て、これこそが自分が求めていた革命家の作品だと確信する。しかし、「ザ・バナー」紙の社主ゲイル・ワィナンドはスキャンダルを求めて、そのコンドミニアムを批判するキャンペーンを始める。「公共の建築物にこのような芸術的な冒険は許されない」という論調で。

コンドミニアムの完成パーティでドミニクは設計者のロークに会い、それが自分を抱いた労働者だと知り、愛を告白する。しかし、またしてもロークはドミニクを拒否し、傷ついたドミニクは、社主ワィナンドのプロポーズを受ける。

妻ドミニクが自分を愛していないことを知っているワィナンドだが、妻への愛のために別荘の設計をロークに依頼する。ここでロークが見せる別荘の完成予想図は、フランク・ロイド・ライトの有名な「落水荘」に似ている。また、ライトは彼に自宅の設計を依頼したチェイニー氏の妻と恋に落ち、彼女と駆け落ちまでしている。

ワィナンドの別荘設計をきっかけにロークは再び名声を獲得する。一方、彼のライバルだったピーターはトップ建築家の座から転落して、急速に仕事が減っていく。そこでピーターが起死回生を懸けて取り組んだのが巨大集合住宅のプロジェクトだった。しかし、何のアイデアも出てこないピーターはロークに泣きつく。名前や金よりも、自分の作品を作ることこそが大切なロークは名前を隠したまま、ピーターの代わりに設計することを引き受ける。ただひとつの条件は絶対に設計図どおりに作ること。

ところが、意志の弱いピーターは依頼人に妥協してデザインを変更し、建設が始まる。自分の作品が勝手にいじられることに怒ったロークはダイナマイトを仕掛けて、そのビルディングを爆破、倒壊させて逮捕される。

「アカ狩り」側の模範的サンプル

『摩天楼』が製作された背景には、ハリウッドを震撼《しんかん》させた「アカ狩り」がある。『摩天楼』の原作の出版の翌1944年、ハリウッドでMPAPI（アメリカの理想を守るための映画同盟）が結成された。30年代からハリウッドの脚本家や監督、俳優たちに密かに広がっていた左翼思想によって、労働組合が強くなることを恐れたプロデューサーたちが始めた反共団体だ。MPAPIはマッカーシー上院議員の非米活動委員会に協力し、ハリウッドの左翼分子を狩り出し、糾弾し、仲間を密告させ、証言を拒否した脚本家ダルトン・トランボなどをハリウッドから追放した。

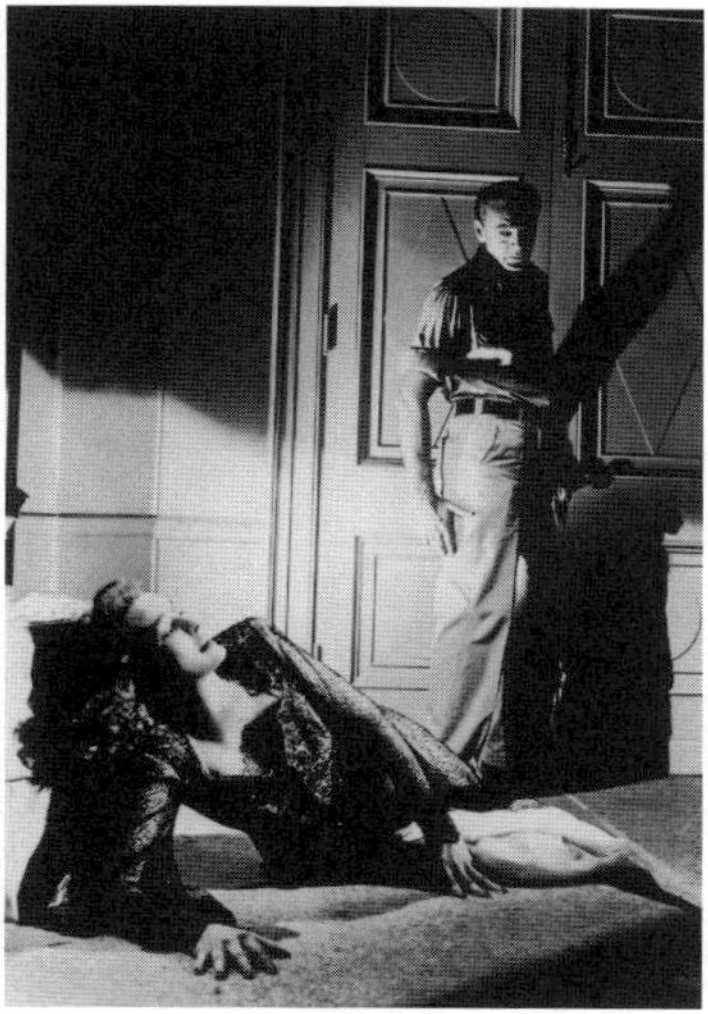

自らの才能と使命をいささかも疑わないロークに人妻でありながらドミニクは身も心も捧げる

ＭＰＡＰＡＩのメンバーには、ハリウッド一の反共俳優ジョン・ウェインをはじめ、ハリウッド俳優組合会長のロナルド・レーガン、そして『摩天楼』の監督キング・ヴィダー、主演のゲーリー・クーパー、原作・脚本のアイン・ランドがいたのである。

アイン・ランドは『摩天楼』公開の二年前の４７年に、ＭＰＡＰＡＩを代表して、「アメリカ人のための映画の製作基準」なるパンフレットを書いた。そこでランドは、ハリウッドで作られる多くの映画に社会主義的メッセージが隠されていると批判している。

「ハリウッドの共産主義者たちの目的は、あからさまに共産主義の思想を込めた政治的な映画を作ることではありません。彼らは、まったく政治的でない映画に共産主義を仕込むことでアメリカのモラルと価値観を腐らせようとしているのです。ほんのちょっと何気ないプロパガンダを罪のない物語に忍ばせるのです」

ランドは共産主義を隠した映画としてウィリアム・ワイラー監督の『我等《われら》の生涯の最良の年』（４６年）を挙げる。第二次大戦の復員兵たちの群像劇で、ＰＴＳＤや核戦争の恐怖がすでに扱われている。ランドが批判するのは実業家を批判的に描いている点だが、そのほかにも、日本人を「ジャップ」と呼ぶ父を息子がたしなめたり、「共産主義を絶滅するためにはドイツや日本と手を組むべきだった」と言う男に復員兵が殴りかかったり、非常にリベラルな映画である。

ランドはチャールズ・ヴィダー監督『楽聖ショパン』（45年）も槍玉に上げる。作曲家ショパンがその才能を祖国のために捧げるというストーリーが、個人を尊重していない、全体主義的だというのだ。

そしてランドはハリウッド映画を共産主義的にしないための十三カ条を提示する。

1. 政治を軽く扱わない
2. 自由市場資本主義体制を批判しない
3. 企業家や実業家を批判しない
4. 富裕層を批判しない
5. 利潤の追求を批判しない
6. 成功を批判しない
7. 挫折を美化しない
8. 腐敗や堕落を美化しない
9. 「普通の男《コモン・マン》」を神格化しない
10. 団結することを賛美しない
11. 独立独歩の人を批判しない
12. 時事問題を不用意に扱わない

13. アメリカ政府を批判しない

この基準に従って、アイン・ランドらMPAPAIのメンバーたちが作った、模範的ハリウッド映画こそが『摩天楼』だったのだ。

エリート主義の大演説

法廷で、ロークは、当時のハリウッド映画史上最長の演説をぶつ。

「世の中には何かを創造し、世界をリードするクリエイターと、何も生み出せない寄生虫《パラサイト》どもがいる。自分は自分の作品を作るだけで、けっして他の誰かのために働いたりはしない。他人のために自分を犠牲にする考えが世界を滅ぼす。しかし、アメリカは個人主義の国ではないか……」

この演説にはアイン・ランドの思想のすべてが込められている。――優れた個人が大勢の凡庸な大衆のために犠牲になるべきではない。それは戦争や共産主義の源だ。利己主義こそが優れた才能を伸ばし、人類を発展させるのだ――。

この考えを彼女はその後も発展させ続け、思想として確立していった。そして彼女は、アメリカにおいて、公共の福祉削減と私企業の自由放任《レッセフェール》を求めるリバタリアンや新自由主義者から信奉されてきた。

しかし、このロークの演説には正直言って、首をかしげざるを得ない。だって、建築って、依頼人のため、そこに住む人のため、それを利用する人のため、その地域のためじゃないの？　ところが陪審員はこの演説に納得して彼を無罪とする。ちょっと待った！　どんな理由があるにせよ、他人の所有する物を勝手に破壊したら犯罪でしょ！

裁判後、ワィナンドは「ザ・バナー」紙の新しい本社ビルの設計をロークに依頼して拳銃自殺する。これでドミニクは晴れて、ロークと結ばれる。この結末はヘイズ・コード（当時のハリウッド映画の自主規制規定）で離婚を肯定的に描くことが禁じられていたので、アイン・ランドが考え出した解決策だ。

未亡人になったドミニクは満面の笑顔で、建設途中の「ザ・バナー」新社屋のエレベーターに乗り込む。空高くそびえるビルの頂上に、ロークが堂々と胸を張って立ち、下から来るドミニクを待っている。またしても、わかりやすすぎる男根表現で映画は終わる。

『摩天楼』が興行的に失敗するとアイン・ランドは「演説を短くカットされたから」「ゲーリー・クーパーが年を取りすぎていた」など、他の誰かのせいにしようとしたが、やはり、一般の人々を「寄生虫」と呼ぶ利己的な主人公と、旦那が死んで大喜びの勝手なヒロインでは共感を得にくかったのではないか。ちなみにアイン・ランド自身も夫がありながら、配偶者のいる男性と愛人関係にあったことで有名だ。

心に巣食う「ジョン・ゴールト」

1957年、アイン・ランドは『水源』とほとんど同じテーマで、邦訳が二段組み千二百ページを超える大作『肩をすくめるアトラス』を発表する。

舞台は、社会主義的な福祉国家になった未来のアメリカ、「反競争法」なる法律で、市場競争が自由に行なわれなくなっている。公共の福祉に反する財産の独占は禁止され、雇用者は自由に労働者を解雇できない。経済的な発展は停滞している。

主人公のジョン・ゴールトは、この平等社会でやる気を失《な》くした知的エリートたちをコロラドの山中に集め、テレビをハイジャックして、知的エリートたちのストライキを宣言する。ここから邦訳で六十五ページも演説が続くが、内容は『水源』とだいたい同じ。

——我々、知的エリートは諸君らに奉仕するのをもうやめる。我々、優れた者たちの恩恵を受けて暮らす「寄生虫」どもは生存競争という自然の法則に反している。世間の道徳は、他人のために自分を犠牲にすることを善としているが、それは怠惰な「たかり屋」たちが知的強者を搾取し利用するために作ったカルトである。本当の道徳、本当の善とは、自分の幸福を追求すること、すなわち「利己主義」である。だから、自尊心のある者は、この社会に協力することをやめて、我々の必要さを奴らに思い知らせるのだ――（筆者抄訳）

ジョン・ゴールトの演説は「公共の福祉」の全否定だ。しかし、この本がアメリカで聖書に次ぐロングセラーになっているという事実は重要だ。先進国で唯一公的医療保険制度がないアメリカで、オバマが国民皆医療保険制度を実現しようとしたとき、ティー・パーティという保守系運動が起こって、「貧乏人の保険料をどうして金持ちが負担しなきゃならないんだ」と反対したが、彼らの心にはジョン・ゴールトがいる。

アイン・ランドの国はすでに実現し、失敗している

この『肩をすくめるアトラス』は２０１１年に映画化された（日本未公開）。その背景にはもちろんティー・パーティ運動がある。０９年にオバマ大統領が就任し、全米の富を独占する年収百万ドル以上の富裕層に増税しようとしたことに反発した保守層は、植民地時代にイギリスの増税に対して起こしたボストン茶会事件を模したティー・パーティ運動を始めた。

ティー・パーティ運動家たちは「『肩をすくめるアトラス』に描かれたような（規制

と福祉ばかりの）アメリカをオバマは実現しようとしているんです！」と訴えた。

だが、実際はアイン・ランドの理想のほうがアメリカでは先に実現したのだ。

１９８０年代レーガン政権によって連邦準備制度理事会（ＦＲＢ）議長に任命されたアラン・グリーンスパンは50年代からランドの直弟子であり、『肩をすくめるアトラス』を執筆途中の草稿で読ませてもらう仲だった。７４年にグリーンスパンがフォード大統領の経済諮問委員会の議長に就任した際の宣誓式でもグリーンスパンの横につき添っていたのはランドだった。

ランドの思想に従ってグリーンスパンは十九年間にわたって自由市場を放任し続け、レーガンから子ブッシュまで、政府は富裕層への減税を続け、公共事業を民営化し続けた。金持ちはどんどん豊かになり、アイン・ランドが「寄生虫」と呼んだ庶民はどんどん貧しくなった。

その結果、暴走した金融業界は、貧しい人々に無理やり住宅ローンを押しつける詐欺まで行なって、それが０８年の金融崩壊を引き起こし、二十年におよぶ富裕層への減税は莫大な財政赤字を生み出した。アイン・ランド的社会は失敗に終わったのだ。

映画『肩をすくめるアトラス』は、フィットネス用品で財をなした大富豪ジョン・アグリアローロの出資で作られた個人映画だ。三部作となったこの映画は興行的に惨憺たる結果に終わった。アグリアローロは「リベラルに偏向したメディアのせいだ」と言っているが、こいつら、いっつも「自分は悪くない。他のみんなが悪い」ばっかりなんだよな！

第12章

『群衆の中の一つの顔』

「普通《コモン》の男《マン》」から生まれるファシズム

a Face in the Crowd

1957年
監督　エリア・カザン
脚本　バッド・シュールバーグ
出演　アンディ・グリフィス
　　　パトリシア・ニール

はみ出し者、浮浪者、クズ、怠け者、負け犬……

おれたちを好きなように呼ぶがいいさ。

おれたちが集まれば、楽しい話が始まる。

ロンサム・ローズ

愛される「田舎者」像

『ビューティフル・マインド』(2001年)や『アポロ13』(1995年)などの巨匠、ロン・ハワード監督が昔、『サタデー・ナイト・ライブ』(75年〜)にゲスト出演したとき、司会者役のエディ・マーフィが「あんた、オーピーだろ?」と言い出した。

「私は映画監督のロン・ハワードだ」

「いや、あんたはオーピーだ!」

「それは子役時代の話で、今は映画監督なんだ」

「監督? あのオーピーが? 偉そうに」

マーフィはハワード監督をいつまでもオーピー扱いし続ける。そのコントは、ハワードが子どもの頃、『メイベリー110番』（60〜68年）というテレビ番組に出ていたことをネタにしている。

『メイベリー110番』の原題は『アンディ・グリフィス・ショー』で、メイベリーという架空の田舎町の保安官アンディ（コメディアンのアンディ・グリフィス）が主人公。犯罪など何も起こらない平和な田舎で、グリフィスは我が子のオーピー（ロン・ハワード）と釣りに行ったり、スティーブ・ブシェミの目玉を大きくしたような俳優ドン・ノッツ演じる保安官助手がドジを踏んだりする日常をほのぼの描く。

まるでノーマン・ロックウェルの絵をそのままドラマにしたように古き良きアメリカが描かれており、国民的番組として、繰り返し再放送され

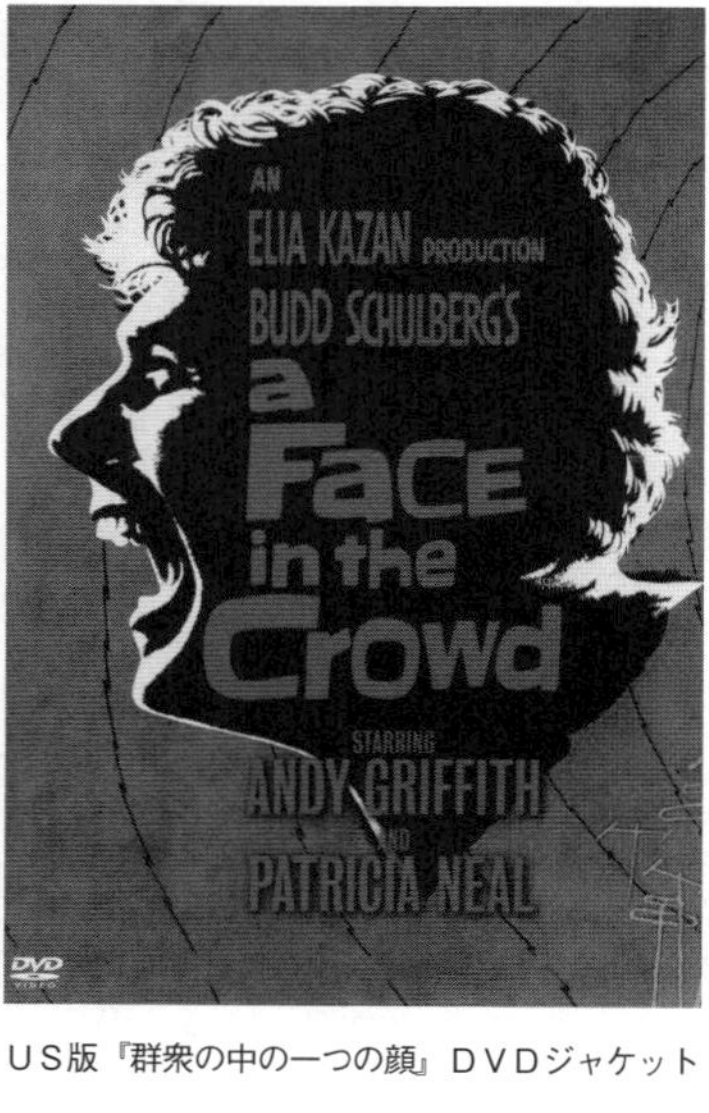

US版『群衆の中の一つの顔』DVDジャケット

続けているので、61年生まれのマーフィも知っていたのだ。

そのアンディ・グリフィスは12年7月3日に八十六歳で亡くなり、全米がその死を惜しんだ。グリフィス演じた保安官アンディは、アメリカを代表する「普通の男(Common Man)」、良き父親として人々に愛されたからだ。

ロンサム・ローズの誕生

しかし、グリフィスは、『メイベリー110番』の前に「普通の男」の恐ろしさを体現する役を演じていた。それが『群衆の中の一つの顔』(1957年)だ。巨匠エリア・カザン監督が、『波止場』(54年)で組んだ脚本家バッド・シュールバーグと再度コンビを組み、普及してまだ間もないラジオやテレビの世界で実際にあった数々の事件を基に、現在まで続く、メディアとマーケティングと政治の結託、その危険性を警告するダークでヘヴィな傑作である。

それに『群衆の中の一つの顔』には、本書で取り上げた『群衆』(41年)や『エルマー・ガントリー　魅せられた男』(60年)、『フォレスト・ガンプ　一期一会』(94年)と通底するテーマがある。アメリカ人の「普通の男」信仰である。

アメリカで最も貧しい州のひとつ、アーカンソーのローカル・ラジオ局に『群衆の中の一つの顔』という番組があった。女性ディレクター、マーシャ（パトリシア・ニール）が地元の庶民の声をテープに拾って放送する。その日、彼女は留置所を訪れ、檻の中の人々にマイクを向けた。

「あっちに行きやがれ。おれは大統領だって気にしねえ」

そう言って背を向けたのは、保安官に逆らって逮捕された酔っ払いラリー・ローズ（アンディ・グリフィス）だった。ローズは、ギター一本だけ抱えて放浪するホームレスだった。だが、マーシャの美しい顔を見て、気分を良くしたローズはギターを掻《か》きならして、素晴らしい声でブルースを歌い始めた。

故郷を離れて一万マイル
おれは自分の名前も知らない
でも、泣くもんか

留置所を取材で訪れたマーシャはロンサム・ローズの歌にたちまち魅了される

泣きゃしないだって
明日の朝には釈放だ
自由な男さ
保安官が檻を開け
明日の朝には
鳥のように自由さ

ローズのパフォーマンスに魅せられたマーシャは、翌朝、釈放されたローズを朝のラジオ番組のパーソナリティに雇う。ロンサム（一匹狼《いっぴきおおかみ》）・ローズと芸名をつけて。第一回目の放送、ロンサムは持ち歌の「自由な男」を歌った後、「自由な女」の歌も歌わなきゃ、と言い出した。

「このラジオを聴いてる奥さんたちは、それを夢見てるだろう。旦那は『仕事がある』と言って出勤する。奴らは家事が仕事だなんて思っちゃいない。汚れた皿を流しに入れて、せいぜい水をかけるだけだ。奥さんがゴシゴシ洗って脂を落とすとこなんて見たことねえんだ」

たちまち主婦から「よくぞ言ってくれました」という手紙が殺到した。ロンサムは誰がリスナーなのか、彼らを喜ばせるにはどうするか、それを察知する天性の才能があった。

ロンサムは自分を虐待した保安官が市長選挙に立候補していると知って、ラジオでふと、こんなことを言ってみた。「市長候補は支出削減をしたいらしいから、我々が彼のためにボランティアで野犬捕獲人になって、彼のところに犬を持って行ったらどうだろう？」

保安官は、いきなり自宅に百匹近くの犬を持ち込まれて大弱り。このいたずらは『ヘルプ／心がつなぐストーリー』（2011年）で、犬を便器に置き換えて使われていた。

メディアの影響力を知って、ロンサムの眼に野望が燃える。

ウィル・ロジャーズの再来

ロンサムは、カントリー音楽のメッカ、テネシー州メンフィスの芸能プロダクションに目を付けられ、メンフィスで地元テレビ局のモーニング・ショーを任される。

ロンサムは生放送のスタジオにいきなり黒人女性を連れてきた。スタッフはパニック。なぜなら1957年当時、テネシー州などの南部ではまだ人種隔離政策が続いており、黒人は歌手以外、テレビに出ることがなかったからだ。

「この女性は家を失って困っています」

ロンサムが言うと、その日のうちにテネシー中から寄付が集まった。人々はロンサムを貧しい庶民の味方として崇拝し始めた。芸能プロの社長はロンサムのカリスマ性を見て言う。

「この男はパワーを持っている。ウィル・ロジャーズの再来だ」

ウィル・ロジャーズはアーカンソーの隣、オクラホマ州のチェロキー・インディアンの子孫で、カウボーイの衣装を着て、サーカスなどで投げ縄の曲芸を見せる芸人だった。それが、15年、ニューヨークのレヴュー（歌あり笑いあり芝居ありのバラエティ・ショーのこと）で、投げ縄の合間にモノローグ（独り語り）を始めたら、そちらのほうが人気になってしまった。

モノローグは漫談のような芸だが、パンチライン（オチ）で笑わせる必要はなく、自分の人生や世相へのボヤキなどを面白く語って聞かせる。アンディ・グリフィスももともとモノローギストだった。

22年、ウィル・ロジャーズが新聞にユーモア・コラムの連載を始めると、全米のローカル紙に転載され、毎週四千万人が読んだという。ロジャーズがそこに書いた警句には今でも引用される名言も多い。たとえば、淀川長治《よどがわながはる》先生の名言として知られる「私は未《いま》だかつて嫌いな人に会ったことはない」は、ウィル・ロジャーズが広めた言葉だ（原典はなんとレオン・トロツキー！）。

その他、「怒りで飛び立った者は着陸で苦労する」、「猫を袋から出すのは猫を袋に戻すよりずっと簡単だ」、「(1861年に始まった)所得税は、ゴルフ以上に、アメリカ人を嘘つきにした」、「みんな自分の財布を見て投票する。投票に影響するのは、去年政府がしたことだけだ」など、どれも面白い。

「世の中には三種類の人間がいる。書物を読んで学ぶ者。観察によって学ぶ者。実際に触って初めて学ぶ者。電流柵の危険をね」と言っていたロジャーズ自身は本を読む人間ではなかった。大学を出た金持ちのエリートではなく、貧しい庶民が日常の経験を通して身に付けた「草の根の英知(Grassroots Wisdom)」を誇っていた。

ロジャーズの文章には文法や綴《つづ》りの間違いが多く、時には汚い差別語も使ったが、彼が上品なインテリでないことで、人々はかえって彼を信用した。ロジャーズは「草の根哲学者」「カウボーイ哲学者」と呼ばれた。

黎明期のCMの威力

そうして人気者になったロンサムは、何かを命じられると逆らわずにいられない性格だった。

当時のモーニング・ショーのCMは生放送で、ロンサム自らマットレスの宣伝をしなければならなかった。しかし、本番でカメラの前で台本を破り捨て「ホームレスの経験から言うと、堅い寝床のほうが背骨にいいぜ」と言ってしまう。「心にもない言葉を語るのは、おれのプライドが許さない。だっておれは自由な男だから！」

怒ったスポンサーは当然、番組を降りると表明。番組のファンはスポンサーの社屋前で抗議のデモをしてマットレスを焼く。頭を抱える社長に、営業部長は言う。

「マットレスの売れ行き、55パーセントも上昇してます」

ＣＭの効果は商品名、企業名を認知させることだ。同じような商品が並んでいる場合、人は聞いたことのある会社の商品を選ぶ。ロンサムのＣＭは確実に機能した。スポンサーは戻った。

この経緯はテレビ黎明期の人気ホスト、アーサー・ゴッドフリーをモデルにしている。

１９５０年代前半、『アーサー・ゴッドフリーと仲間たち』という大人気番組があった。ゴッドフリーは退屈な時間のはずのＣＭタイムを最高の見せ場にした。「広告代理店の奴らがうるさいんだよ」とか「この会社の社長がタヌキでね」などと、アドリブで代理店やクライアントをバカにして笑わせたのだ。で、さんざんボロカスに言った最後で「いやあ、社長は嫌な奴だけど、この商品はいいよ、マジで」とまとめる。スポンサーを気にしない言いたい放題の男がほめたもの、ということで逆に信頼性は増した。

ゴッドフリーが紹介する、リプトン紅茶は飛ぶように売れた。チェスターフィールド煙草《タバコ》をゴッドフリーがうまそうに吹かしながら「買うならカートンで」と言うと、視聴者は本当にカートンで買った。ゴッドフリー自身は後に肺がんになり、煙草のCMを一切やめた。

「万能薬」の正体

ロンサムの消費者に対する影響力を見たニューヨークの広告代理店は、製薬会社をスポンサーに、ロンサムの番組を全米に放送する。新薬ヴァイタジェックスを売るためだ。

製薬会社の社長に、化学者がヴァイタジェックスの成分について説明する。「アスピリンが20パーセント。他はカフェイン、ブドウ糖、残りはすべて不活性成分です」

効き目もなければ、セールスポイントもない。このクズ薬の宣伝会議に現われたロ

型破りで、タブーに挑戦するロンサムの姿に大衆は熱狂していく
©Everett Collection/amanaimages

ンサムはいきなり「白い錠剤がつまらないね。黄色く塗れ」と言い出す。「黄色は太陽の色だ。ヴァイタジェックス飲んだらエネルギー充塡《じゅうてん》！　という売りはどうだ？」ロンサムの番組とCMが始まった。憂鬱な顔のロンサムがヴァイタジェックスを一粒飲むと元気いっぱいにジャンプし、満面の笑みで、歌って踊り出して女の子からもモテモテ！　夫婦の寝室にかならずひと瓶ヴァイタジェックスを！

ただのアスピリンをバイアグラのような薬として売るひどい誇大広告だが、これでヴァイタジェックスはバカ売れする。

このへんは、ジェリトルという実際のサプリ商品のCMをモデルにしている。ジェリトルはテレビ黎明期の1956年、NBCの『トゥエニー・ワン』という視聴者参加型クイズ番組のスポンサーだった。この番組は八百長が仕組まれていたことが発覚し、ロバート・レッドフォード監督『クイズ・ショウ』（94年）の題材にもなっている。CMでジェリトルは、疲労から男性の精力減退、女性の不感症にまで効く万能薬のように宣伝されたが、実は、少量の鉄分とビタミンBに12パーセントものアルコールを混ぜた水にすぎず、薬効成分と呼べるものは何も入っていなかった。

テレビの放送が始まると、製薬業界は莫大な金を広告に注ぎ込み、それが広告産業を育てた。テレビの普及率と比例して広告代理店は巨大化していった。そんな1960年前後の広告業界を描いたのが、アメリカで大人気のTVドラマ『MAD　MEN』（2

007～15年）。MADは「狂気、怒り」ではなく、広告会社が集中しているニューヨークのマジソン・アベニュー（Madison Ave.）を意味している。ロンサム・ローズの番組は全米規模で大人気になり、ロンサムの名が米海軍の戦艦や山につけられるほど。彼自身はニューヨークの摩天楼にそびえる最高級アパートメントの最上階のペントハウスに新居を構えた。頂点に立った彼は、それに飽き足らず、さらに上を目指す。

大統領選挙に立候補した共和党の上院議員のイメージ戦略に参加するのだ。

野生に負けるインテリ

先述したように、『群衆の中の一つの顔』は本書で取り上げてきた映画と通じるところが多い。

まず、『エルマー・ガントリー』。南部の粗野な流れ者ガントリーがパフォーマーとしての才能で、全米一のラジオ伝道師になっていく。ガントリーを演じるバート・ランカスターも、ロンサムを演じるアンディ・グリフィス同様、黒人にも負けない低く太い声が売りで、その男性的魅力で、聖女ジーン・シモンズをも陥落してしまう。

また、『群衆の中の一つの顔』のヒロイン、マーシャを演じるパトリシア・ニールは二十三歳の頃、『摩天楼』（１９４９年）のヒロイン、ドミニクを演じた。お嬢さん育ちの建築評論家ドミニクは、ある日、採石場で労働者として汗を流すゲーリー・クーパーの逞しい肉体に胸ときめかせる。『群衆の中の一つの顔』のマーシャもラジオ経営者の姪で、インテリのお嬢さんだが、それゆえ、ロンサムの粗野な荒々しさに惹《ひ》かれてしまう。行きずりの女たちを部屋に連れ込んでいることをマーシャに知られたロンサムは弁解もせず、見透かしたように言う。

「お嬢さん、何をもったいぶってるんだ。本当は、おれたちと同じものに飢えてるんだろ」

　そしてフランク・キャプラ監督の『群衆』。新聞記者のアン（バーバラ・スタンウィック）はホームレスのゲーリー・クーパーを、庶民を代表するオピニオン・リーダー「ジョン・ドー（名無しの権兵衛）」にデッチ上げる。大卒のエリートたちに牛耳られた政治に飽き飽きしたアメリカ国民は、貧しく無学なジョン・ドーのラジオ演説を聴いて感動し、ドーは救世主のように人々から崇められる。しかし、実はジョン・ドーの言動はすべてアンによって演出されたもので、その裏では、悪の大資本家が、ジョン・ドーの推薦で大統領に立候補しようとしていた……。つまり基本的には『群衆』と『群衆の中の一つの顔』は同じような話だ。

　ただ、決定的に違うのは、『群衆』のゲーリー・クーパーは本当に純朴な男で、自分が利用されていたと知って資本家に立ち向かうが、『群衆の中の一つの顔』のロンサムの素朴さは見せかけだった、ということだ。

ロンサムはマーシャに結婚を申し込む。自分を作ったのは君だから、と。女遊びをやめると誓うロンサムを信じてマーシャが結婚を承諾すると、翌日には謎の中年女がやって来て「ロンサム・ローズ夫人」だと言う。ロンサムはメキシコのファレスで結婚していたのだ。ロンサムは「わかった、ちゃんとファレスに行って離婚手続きをしてくる」と出かけ、マーシャはその帰りを待ちわびる。たしかにロンサムは離婚してきたが、途中に立ち寄った故郷のアーカンソーから十七歳のバトンガール（これがデビューのリー・レミック）を連れて帰って来た。なんと彼女と結婚したというのだ。傷心のマーシャはロンサムのもとを去る。

「貧乏でも政府には頼るな」

ロンサムの助けを求めた大統領候補、ワシントン・フラーは、マジソン・コーチ、つまり広告代理店によるイメージ戦略の指導を受ける。代理店の男は言う。

「大統領選は新しいステージに入りました。長い討論よりも覚えやすいスローガンがアピールするのです。ワシントン・フラーという商品を三千五百万人に買わせるのです」

もう、政策は重要ではない。「大事なのは大衆に愛されることだ」ロンサムは言う。
「おれはもうエンターテイナーじゃない。インフルエンサー（影響者）だ。オピニオン・リーダーだ！」

そして、政治トーク番組『ロンサム・ローズ・クラッカー・バレル・ショー』を企画する。クラッカーとは南部の田舎者。バレルは樽《たる》。クラッカー・バレルとは、村に一軒しかないよろず屋で、樽を椅子やテーブル代わりにして、村の男たちが四方山話《よもやまばなし》をする、という意味。

スタジオに作られた村のよろず屋のセットで、貧しい農民の衣装を着た俳優たち相手に、ロンサムが下卑《げび》た言葉で政治を語る。

「ライミー（イギリス人に対する差別語）がイラつくのはよ、上流階級ぶってることだな。奴らの店（植民地）は世界中でどんどん潰れてやがるぜ」

そしてゲストにフラー上院議員が登場する。

「上院議員、最近、アメリカ人は社会保障のことばっかり気にしてると思わねえか？」

社会保障（Social Security）は、大恐慌で失業者があふれたときに、民主党のローズヴェルト大統領がニュー・ディール政策の一環で始めた制度で、老後の年金と怪我《けが》などによる失業補償を組み合わせたものだ。いわゆるセーフティ・ネットだが、自助努力をモットーとする保守派からは、「社会主義的だ」と批判され続けている。

「最近のアメリカ人は、ゆりかごから墓場まで政府に甘やかしてもらおうと思っているね」フラーは社会保障反対の立場から答える。「それはアメリカのモラルを弱めてしまうね。ダニエル・ブーンが失業保険を求めたと思うかい？　彼が頼りにしたのは自分の斧《おの》と銃だけだった。『大きな政府』なんかじゃないよ」

ダニエル・ブーンは伝説的な開拓者。ここでフラーは「貧しくても自主独立の庶民は政府になんか頼らないよね？　それがアメリカ的だよね？」と言っている。これは今も続く、保守派、自由主義者の主張だが、福祉が削減されて困るのは貧しい庶民だけなのだ。保守的な庶民は、権力を嫌うあまり、自らの福祉を損なう「小さな政府」を支持する。それがアメリカだ。

権力と結託した反権力

「自由な男」、スポンサーにも逆らう反権力のヒーローであるロンサムが実は裏で政治家とつるんでいる。

『群衆』のジョン・ドーもそうだったが、ロンサムの場合、史実に基づいている。ウィル・ロジャーズは貧しい庶民を看板にしていたが、実際は大富豪になり、資本家や政治家たちと密接に繋がっていた。『群衆の中の一つの顔』の脚本を書いたバッド・シュールバーグはウィル・ロジャーズの息子に直接会ってインタビューし、反権力のはずのウィル・ロジャーズが政治権力と親密だった事実を確認した。ロンサムの番組に出た後、フラー議員の支持率はギャラップの世論調査で3パーセントから11パーセントへ跳ね上がる。

フラーは大統領に当選した暁《あかつき》に、ロンサムに閣僚のポストを約束する。「国民精神省長官（Secretary of National Morale）」として国民の思想を取り締まるのだ！ ロンサムは笑って言う。

「危急存亡のときだからな！」

この部分は、1950年代に、大酒飲みで野卑なマッカーシー上院議員がアメリカ人の思想を取り締まった「アカ狩り」を意識している。監督のエリア・カザンも脚本のシュールバーグも昔、共産党に関与したため、アカ狩りで追及され、それに屈して元共産党員の名前を白状してしまった。

「政府の後ろで国民を動かすんだ」ロンサムはマーシャに野望を語る。「この国の連中はただの羊の群れだ。レッドネック、クラッカーズ、ヒルビリーズ（どれも貧乏白人のこと）、ハウスフラウズ（主婦）、シャット・イン（引きこもり）、ピー・ピッカーズ（貧農）……奴らは誰かが笛を吹いたら、すぐに飛び跳ねる。奴らはおれのものだ。奴らもそう思ってるさ。奴らは自分で考えることができないから、おれが代わりに考えてやる。おれは大統領を支えるパワーになるんだ！」

戦慄《せんりつ》するマーシャにロンサムは言う。

「おれを作ったのは君だ」

そう。今、アメリカをナチス・ドイツやソ連のような全体主義国家にしようとしている怪物を作ったのはマーシャなのだ。フランケンシュタイン博士が自分で作った怪物と対決したように、マーシャもロンサムを阻止しなければならない。でも、どうやって？

ジーンズをはいたデマゴーグ

『クラッカー・バレル・ショー』の生放送現場。

「神に祈ろう、聖書を読もう」などと説教しているロンサムは、音声がＯＦＦになる

番組でのオフライントークが放送され、ロンサムは一瞬にして人気を失う

とすぐに「あの上院議員を世間のバカどもに庶民として売り込むのは骨だぜ」などと口汚く誰でも彼でも罵《ののし》っている。

それをミキサー・ルームで観ていたマーシャは、突然、ロンサムのマイクをONにしてしまう。

「おれは鶏の糞だってキャビアとして売れるからな。おれがドッグフードを売れば、視聴者の奴らはステーキだと思って食うのさ。大衆ってなあ何だか知ってるか？　奴らは檻に入ったモルモットだ。奴らは調教されたアシカみたいなもんだ。魚を投げてやるとひれをパタパタさせやがる」

その言葉は全部、全米のお茶の間に流れた。ロンサム自身は何も知らないまま、エレベーターに乗った。高層ビルの上から下に降りて行く間にテレビ局の電話は視聴者からの電話でパンクし、エレベーターが一階に着いたときにはすでに、ロンサムの人気は終わっていた。

この放送事故は、20～40年代の子ども向けラジオ番組『ドンおじさんショー』で、司会のドンおじさんが、マイクがOFFだと思ってうっかり「クソガキどもには受けたかな」と言ってしまったのが放送されたという都市伝説を基にしている。

その夜、ロンサムの自宅に来るはずだったフラー上院議員をはじめとする名士たちは誰も来なかった。

「貴様、何を笑ってやがる！」ロンサムは黒人の召使たちに八つ当たりする。「出て行きやがれ！　黒いサルども！」ロンサムの黒人への優しさはテレビ向けの演技にすぎなかった。

誰もいない部屋で、ロンサムは二階のバルコニーから演説する。腕を激しく振りながら叫ぶその姿はヒットラーそのもの。「拍手マシン」から録音した拍手喝采が空《むな》しく応える。

ロンサムの番組の放送作家だったメル・ミラーは自らの体験を本にまとめる。そのタイトルは『ジーンズをはいたデマゴーグ』。アメリカの庶民は、仕立てのいいスーツを着たインテリよりも、ジーンズにカウボーイ・ハットで田舎訛りの男を信じる。それが見せかけであったとしても。

ジョージ・W・ブッシュ大統領の伝記映画『ブッシュ』（２００８年）は、父からいつもダメ息子だとなじられてきたブッシュが父に認められようとしてイラク戦争をデッチ上げる物語だったので、ジェームズ・ディーンが父に認められようとして失敗するエリア・カザン監督の『エデンの東』（５５年）と似ていると思った。そこで、監督のオリヴァー・ストーンにインタビューしたときに、それを伝えると、「それはそうなんだけど、政治的には同じカザン監督の『群衆の中の一つの顔』を参考にした」と答えた。

ストーンの『ブッシュ』では、テキサス州の下院議員に立候補したブッシュが、カウボーイ・ハットの民主党議員から「あんたは東部のお坊ちゃんだろ」と言われて落選する。選挙参謀としてついたカール・ローヴはブッシュをテキサスのカウボーイ風に改造する。テキサス訛りを勉強し、カウボーイ・ブーツをはいたブッシュはテキサス州知事選に当選。大統領に立候補したときも、テキサス訛りで人気を得た。

実際、ブッシュは大統領の息子で、大金持ちなのだが、彼がテキサス訛りで文法の間違った英語を話すことで、アメリカ人は、ブッシュはインテリじゃないから信用できると思ったのだ。漢字が読めない首相の人気が落ちる日本のほうがまともだよ。

スパイク・リーも『バンブーズルド』（２０００年）をバッド・シュールバーグに捧げている。「彼が脚本を書いた『群衆の中の一つの顔』に強い影響を受けたから」だという。日本では忘れられた映画だが、アメリカにとっては本当に重要な作品なのだ。

第13章

『影なき狙撃者』

マッカーシズムのパラノイア

The Manchurian Candidate

1962年
監督　ジョン・フランケインハイマー
脚本　ジョージ・アクセルロッド
出演　フランク・シナトラ
ローレンス・ハーヴェイ
アンジェラ・ランズベリー

どこかの高級ホテルの庭園で、着飾った老婦人がアジサイの栽培について講義している。彼女と一緒にステージに置かれた椅子に座っているのは、まったく場違いな、不精髭のアメリカ兵たち。退屈そうにあくびをしたり、見るからに態度が悪い。カメラは右へとパンし、そのまま回転していく。客席にいるお上品なご婦人方をひとりひとり映し出し、三百六十度回ってまたステージに戻ると、講義をしているのは貴婦人ではなくアジア系の禿頭《とくとう》の紳士。ステージの後ろには、スターリンと毛沢東《もうたくとう》の巨大な肖像写真が掲げられている。

この三百六十度パンのショットは、1962年の映画『影なき狙撃者』で、主人公マルコ大尉（フランク・シナトラ）を苦しめる悪夢だ。デジタル技術のない時代に、当時三十二歳のジョン・フランケンハイマー監督は、カメラを回している間に大急ぎでスターリンの肖像などを掛けて撮影した。

「アメリカからの訪問者たちの不作法をお許しください。まだ、洗脳が済んでいませんので」アジア系の紳士が言う。

「彼らは催眠状態にあり、ここがニュージャージーのホテルで行なわれている園芸クラブの会合だと思っています」

実際の聴衆は、人民服を着た中国人とソ連のコミンテルンの軍人たちで、講義をしているのは洗脳のエキスパート、イエン・ロー博士。ここは満洲《まんしゅう》（現在の中国東北部）にある中国共産党軍の「パブロフ研究所」。朝鮮戦争の戦場で中共軍の捕虜になった米兵たちが、中国とソ連によって洗脳されているのだ。

英雄たちの悪夢

『影なき狙撃者』は、１９５９年にアメリカの作家リチャード・コンドンが書いた小説『マンチュリアン・キャンディデイト（The Manchurian Candidate＝満洲の候補者）』の映画化。米ソ冷戦時代を描いた政治サスペンスだが、ソ連が消滅して二十年以上を経た今でも、悪夢のようにアメ

『影なき狙撃者』の洗脳シーン

リカを苛み続けている。

マルコの小隊は中共軍と戦闘して二名が戦死したが、小隊長レイモンド・ショウ（ローレンス・ハーヴェイ）の活躍で救出された。帰還したレイモンドは英雄としてマスコミに囲まれて大歓迎を受ける。

マスコミを呼んだのはレイモンドの母エレノア（アンジェラ・ランズベリー）だった。息子の名声を、夫であり、レイモンドの継父であるアイズリン上院議員のイメージ作りに利用しようというのだ。アイズリンは野卑で無教養な男で、エレノアの言うとおりに動く操り人形にすぎなかった。

一方マルコは「レイモンド小隊長が我々を救った」と自分で証言したにもかかわらず、自分の言葉が信じられなかった。というのも夜毎《よごと》、例の悪夢に苦しめられているからだ。その悪夢の中で、レイモンドは、イエン・ロー博士の命令で自分の部下のひとりを絞殺し、ひとりを射殺してみせる。

軍はマルコが戦場で精神病になったのだと考えて除隊を命じる。しかし、同じ小隊の帰還兵が同じ夢を見ていた。マルコが見るのは悪夢ではなく、実際にあったことの記憶だったのだ。

実際はマルコたちは中共軍に捕らえられ、イエン・ロー博士に洗脳され、レイモンドの活躍という嘘を刷り込まれた。しかし、それ以上に恐ろしい爆弾がレイモンドの中に仕掛けられていた。

マルコに追及されたレイモンドは、トランプでソリティアをして遊んでいて、ダイヤのクイーンを見た途端に夢遊病のように我を失い、たまたま耳にはさんだ「死んでしまえ」という言葉のとおりに、フラフラと真冬のセントラル・パークの池に飛び込んだ。

レイモンドは「ソリティアでもしますか?」というキーワードで催眠状態に陥るようにセットされていた。第二のキーであるダイヤのクイーンを見ると、どんな命令にでも従うマシンになるのだ。

満洲から来た暗殺者

レイモンドは初恋の相手、ジョスリンと大恋愛の末に駆け落ち同然で結婚するが、花嫁の父ジョーダンは、レイモンドの継父アイズリン議員の政敵だった。アイズリンは次の大統領選挙で副大統領候補の座を狙っていたが、ジョーダンはそれを何がなんでも阻止すると公言する。困ったレイモンドの母エレノアは、息子に言う。

「ソリティアでもどう?」

レイモンドの母こそ、実は中ソのスパイだったのだ。

催眠状態になったレイモンドは義理の父であるジョーダン議員をサイレンサー付きの

拳銃で暗殺する。弾丸はジョーダンが手に持った牛乳の紙カートンを貫いて心臓にくいこむ。この描写は、後の『リーサル・ウェポン』(1987年)などに引き継がれる。

その暗殺現場を妻ジョスリンが目撃してしまう。レイモンドは新婚二日目の新妻を射殺し、表情も変えずに、その遺体をまたいで出て行く。

ついに党大会の日が来た。アイズリンが副大統領に指名される。しかし、エレノアの野望はもっと大きかった。彼女は再びソリティアでレイモンドに大統領候補暗殺を命じる。アイズリンが、大統領候補の遺体を抱けば、その姿はテレビ、ラジオ、新聞で報道され、最高のパブリシティになる。大統領に立候補すれば、確実に当選するだろう。中ソの操り人形がアメリカの大統領になる。

題名の「マンチュリアン・キャンディデイト(満洲の候補者)」とは、そのことだったのだ。

『影なき狙撃者』は反共映画だと言われた。しかしジョン・フランケンハイマー監督は「違う」と反論した。なぜか。

この映画で描かれているのは一見、共産主義の恐怖のようだが、実際はアメリカのアカ狩りの恐怖だからだ。

暴かれた「国民奴隷化計画」

洗脳（Brainwashing）という単語が英語の文献に初めて登場したのは1950年10月。アメリカの諜報《ちょうほう》部員だったエドワード・ハンターが中国共産党の思想教育について書いた記事だったという。

第二次大戦後、大陸に取り残された日本人たちも、ソ連や中国で思想教育を受けた。それはそれまでの自分を否定させ、共産主義の思想を受け入れさせる、「威圧的説得」と呼ばれるものだった。つまり、新興宗教の折伏《しゃくぶく》やマルチ商法などの勧誘と同じ種類のものだ。

しかし、アメリカ人は「洗脳」という言葉に過剰反応し、想像力を膨らませた。科学的テクノロジーによって強制的に人格を改造するものだと考えた。当時のスパイ小説やSF小説には、敵の頭にヘルメットなどを被せて洗脳するマシンが登場する。007のジェームズ・ボンドですら『黄金銃を持つ男』の原作（65年）では、ソ連に囚われて洗脳され、上司Mを殺そうとする。『影なき狙撃者』に出てくる「洗脳」も、洗脳というより、催眠術とパヴロフの条件付けである。

小説や映画ならいい。困ったことにアメリカ政府は、共産勢力に抵抗するため、密かに洗脳技術を研究し始めたのだ。それを「MKウルトラ計画」と呼ぶ。

53年から、CIAは、百二十五人のアメリカ人にLSDを投与したり、脳に電気ショックを与えるなどして「条件付け」実験を行なった。スタンリー・キューブリック監督の映画『時計じかけのオレンジ』(71年)で、社会主義国となった未来のイギリスで暴力犯に対して行なわれる人格改造と似たような人体実験である。

MKウルトラ計画は75年の連邦下院議会で初めてその存在が明かされ、77年に情報公開法によって約二万点の関連書類が公開された。80年、スティーヴン・キングはMKウルトラ計画のモルモットにされた男女の間に生まれた子どもが超能力者だったという小説『ファイアスターター』を書いた。

アメリカは、共産主義への怯えから、中ソのやっている現実の洗脳以上の恐ろしい技術を作り出そうとした。つまり中ソ以上に国民を奴隷化しようとしていたわけである。

同じように、アメリカは共産主義から自由を守るために、共産主義以上に自由を抑圧したことがある。

マッカーシズムである。

マッカーシズムの恐怖

レイモンドの継父、アイズリン上院議員は、国防長官の記者会見で「私はここに米国防総省内の共産主義者二百七人のリストを持っている！」と叫ぶ。「このメンバーは国防長官もご存じだ！　彼らは今も国防総省の政策に関わっている！」会場は騒然とする。

このシーンは1950年2月9日、ウェスト・ヴァージニア州での共和党女性クラブでジョセフ・マッカーシー上院議員が「私は国務省内の共産主義者二百五名のリストを持っている」と言い出した事実を基にしている。

これで注目されたマッカーシーは米国政府内に潜入している共産主義者を狩り出す「アカ狩り」を開始する。テレビではマッカーシーが非米活動委員会で召喚した被疑者を激しく糾弾する様子が放送された。

マッカーシーは「政府内の共産主義者リ

「全米に広がる共産主義者の陰謀」をデッチ上げたマッカーシー
©Getty images

ストを持っている」と称したが、それは死ぬまで公表されなかった。人数も最初は二百五人だったのが、後で五十七人になったり八十一人になったりしてコロコロ変わり続けたので、実際はリストを持っていないのでは？　と言われた。『影なき狙撃者』では、アイズリンが「人数は何人だっけ？」と妻エレノアに問うシーンがある。彼もレイモンドと同じくエレノアの言いなりの操り人形にすぎない。

マッカーシーのアカ狩りを「マッカーシズム」と呼ぶように、『影なき狙撃者』では「アイズリニズム」という言葉が使われる。アイズリン上院議員はマッカーシーとよく似た俳優ジェームズ・グレゴリーが選ばれた。アイズリンは下品で、口汚く、アルコール依存症だが、マッカーシーもそうであった。

５４年、マッカーシーは泥酔した状態でＣＢＳテレビに出演して醜態をさらし、国民の支持を失ったが、それはジョージ・クルーニー監督の『グッドナイト＆グッドラック』（２００５年）に描かれている。

マッカーシーのアカ狩りが吹き荒れていた50年代前半、アメリカ国民は「隣人はアカではないか」と互いを監視し、「自分もアカと疑われるのではないか」と怯えて口をつぐみ、疑われないように怪しい友人を密告した。

マッカーシズム直後の５６年、『ボディ・スナッチャー／恐怖の街』というＳＦ映画が公開された。宇宙からの侵略者によって、小さな町の住民が少しずつ、感情を持たない人間モドキに取り換えられていく。人間モドキの数は次第に増えていき、ついには主人公たちが異端者として狩りたてられる。『ボディ・スナッチャー』は共産主義に洗脳される恐怖を反映しているが、同時に、マッカーシズムによる魔女狩りの戯画にもなっている。

冷戦はなぜ生まれたのか

マッカーシーは「共産主義から自由を守るんだ」と言いながら、アメリカを共産主義と同じような、思想の自由のない監視社会にしてしまった。そこで、こんな疑惑が生まれる。もしかするとマッカーシー自身が、アメリカを内部から崩壊させようとした、ソ連のスパイだったのではないか？　右翼と左翼は実は裏でつるんで、冷戦をデッチ上げたのではないか？

レイモンドを操っていたのは実の母だった！
©Mary Evans/amanaimages

この陰謀論をそのまま物語にしたのが『影なき狙撃者』なのだ。

レイモンドの母エレノアは、自分に敵対する者を片っ端からアカ呼ばわりし、愛国団体をいくつも運営する右翼の大物だが、その正体は中ソのスパイだった。

右派勢力はさまざまな理由で冷戦の激化を望んだ。まず、軍事産業にとって利益になる。『影なき狙撃者』のアイズリンは軍事予算の削減を批判する。なぜ、もっと軍事費を使わないのか、と。

1961年1月、アイゼンハウアー大統領は退任時のテレビ演説で「軍産複合体」に気を付けろ、と言い出した。政府内のタカ派と軍事産業が結託して冷戦状態を作り出して、税金を軍事費に流す利益共同体になっている。それをアメリカの大統領自身が国民に警告したのだから異常事態である。しかし、アイゼンハウアーの警告は真剣に受け入れられることなく、アメリカはヴェトナム戦争に突入した。

冷戦を作り出すもうひとつの目的は国民のコントロールだ。ジョージ・オーウェルの小説『一九八四年』（49年）でも描かれたように、戦時下であれば国民は政府に従順になる。

「このアメリカを、戒厳令ですら無政府状態に思えるほどの、徹底した全体主義国家にしてやるわ！」

エレノアは叫ぶ。この『影なき狙撃者』で、共産主義よりも洗脳よりもアカ狩りよりも恐ろしいのは、レイモンドの母親である。彼女は息子と無能な夫を支配するだけでなく、アメリカすらも征服しようとする。

ビッグ・マザーの呪い

エレノアを演じるアンジェラ・ランズベリーは、後のテレビ・シリーズ『ジェシカおばさんの事件簿』や映画『クリスタル殺人事件』（１９８０年）のミス・マープル役などで知られるが、『影なき狙撃者』撮影時は三十八歳で、息子役のローレンス・ハーヴェイと三歳しか違わなかった。

フランケンハイマー監督が『影なき狙撃者』と同じ年に作った『終身犯』は、獄中で鳥類の研究家として認められた実在の囚人ロバート・ストラウドの物語だが、やはり母親に縛られた息子として描かれている。

洗脳によって「操り人形」となったレイモンド
©ZUMA Press/amanaimages

主人公ストラウド（バート・ランカスター）の母親が刑務所に面会に来るが、刑務官に追い返されてしまう。するとストラウドは異常に激昂して刑務官を殺してしまう。

しかし、ストラウドは独房に迷い込んだ鳥を救い、それを解き放ったことで母から解放され、自立し、愛鳥家の女性と獄中結婚する。息子の結婚に、母親は喜ぶどころか怒り狂い、彼の妻を激しく罵倒する。ストラウドは今まで大事にしていた母親の写真を破り、絶縁する。

『影なき狙撃者』のレイモンドは党大会の会場で、母の命令どおり大統領候補を狙撃する代わりに、母親を継父もろとも射殺する。実は、その前にマルコ大尉によってレイモンドの催眠は解けていたのだ。しかし、愛する妻を自らの手で殺してしまった事実を知ったレイモンドは母を殺して自分の頭を撃ち抜く。こうして並べると、『影なき狙撃者』と『終身犯』は同じような話である。

母親に操られ、無意識状態で、愛する妻さえ殺すレイモンドを観たとき、当時の観客は、その二年前に公開されたヒッチコックの『サイコ』を思い出さずにはいられなかっただろう。『サイコ』のノーマン・ベイツ（アンソニー・パーキンス）は、厳しく過保護な母親に育てられ、彼女が死んだ後も、精神的な彼女の支配から脱出できない。そして、女性に対して性的に惹かれると、ベイツ自身が心の中に作り出した母親に人格を支配され、女性を殺してしまう。

原作ではエレノアはレイモンドとセックスすらする！　映画では、ヘイズ・コードによる自主規制のため、エレノアがレイモンドの唇に母親以上のキスをするところでカットが切れるが。

この三年前の59年、『去年の夏突然に』が公開されている。原作はテネシー・ウィリアムズの戯曲。ひとり息子を溺愛《できあい》する美しい母親（キャサリン・ヘップバーン）がいた。息子は同性愛者であった。そこで母は自分の美貌で男を誘うと、息子にセックスの相手として与えた（熟女に惹かれる男が青年との同性愛をどうして受け入れるのか謎だが）。

また64年の映画『不意打ち』では、母親（オリヴィア・デ・ハヴィランド）に溺愛された息子が「僕は一度も恋人を持ったこともないまま三十歳を過ぎてしまいました。お母さんの愛のせいです」と書き置きを残して自殺する。

60年前後の母親たちに何が起こっていたのか？

50年代アメリカの中産階級、特に郊外の新興住宅地の家庭で、妻たちは、専業主婦の良妻賢母であることを求められ、自己実現も、性的欲求も満たされないまま、家庭に縛られた。核家族化によって、母親や祖母や先輩の女性たちからの助言も得られないまま孤立した彼女たちは、そのはけ口を内側に向けた。自分を顧みない夫の代わりに息子を溺愛し、支配しようとしたのだ。

そうして育てられた息子たちは、45〜50年頃のベビーブーム世代である。彼らは60年代中盤に青年になると、一斉に体制に反乱を起こした。カウンター・カルチャー《対抗文化》の始まりである。ヴェトナム反戦運動、学生運動、新左翼、ロックンロール、ヒッピー、フリー・ラブ、ドラッグ……あらゆるやり方で大人たちの価値観に盾を突き、「三十歳以上を信じるな」と叫んだ。それは、愛国心を振りかざす見かけ倒しの父親と疎《うと》ましい母親への反抗だった。

アメリカを内側から脅かす反乱分子、マンチュリアン・キャンディデイトは現実になったのだ。

そして今も……

2004年、ジョナサン・デミは『影なき狙撃者』のリメイク、『クライシス・オブ・アメリカ』を監督した。朝鮮戦争はイラク戦争に置き換えられ、レイモンドの母エレノア（メリル・ストリープ）の背後にいるのは共産勢力ではなく、国際的軍事産業になった。これは明らかにチェイニー副大統領がCEOを務めていたハリバートン社をモデルにしている。

ハリバートンは中東の石油開発や、戦後のイラクの復興を政府から請け負っており、イラク戦争は彼らを儲けさせるためにチェイニーが起こしたのではないかと疑われた。また、エレノアの操り人形であるレイモンドには、石油産業を家業とするブッシュ家の長男ジョージ・W・ブッシュが重ねられた。

ジョナサン・デミ監督はブッシュが始めたイラク戦争への抗議の証《あかし》として、エンディングにCCR（クリーデンス・クリアウォーター・リヴァイヴァル）のヴェトナム反戦歌「フォーチュネイト・サン（恵まれた息子）」を流した。政治家や金持ちが結託して戦争を起こすが、戦場に行かされるのは貧乏人の息子だけ、という歌詞である。

ちなみにジョージ・W・ブッシュと2000年の共和党予備選で大統領候補の座を争ったジョン・マケイン上院議員は、「マンチュリアン・キャンディデイトだ」との噂《うわさ》を流された。彼はヴェトナム戦争中、爆撃機のパイロットとして撃墜され、六年間、北ヴェトナム軍の捕虜となり、拷問され続けたが、その間に敵に洗脳されたというのだ。この噂を流したのはブッシュの選挙参謀カール・ローヴだと言われている（本人は否定も肯定もせず）。

10年には『マンチュリアン・プレジデント』という本が出版された。著者は右派ユダヤ系のジャーナリスト、アーロン・クライン。彼は、オバマ大統領は共産主義者のスパイだと決めつける。二十代のオバマがシカゴで貧困層救済のために働いていたとき、60年代の新左翼活動家ウィリアム・エアーズと親しかったからだというのだが、エアーズは当時、普通に大学教授をしており、過激派でもなんでもない老人だった。

クラインの本は、マッカーシーとそっくりの言いがかりだが、こんな駄本にアマゾンのレヴューでは「オバマの恐ろしさを知った」などの絶賛評が並んでいる。アメリカは今も「マンチュリアン・キャンディデイト」の呪いから解放されないのだ。

第14章

『オール・ザ・キングスメン』

アメリカの王になろうとした男ヒューイ・ロング

All The King's Men

1949年
監督　ロバート・ロッセン
脚本　ロバート・ロッセン
出演　ブロデリック・クロフォード
ジョン・アイアランド
マーセデス・マッケンブリッジ

ハンプティ・ダンプティは塀の上に座っていた
ハンプティ・ダンプティは勢いよく落ちた
　王様の馬を全部使っても
　王様の家来が全員かかっても
ハンプティは元に戻せなかった

　このマザー・グースの童謡に出てくるハンプティ・ダンプティとは、卵に手足が生えたキャラクターである。ロバート・ペン・ウォーレンが１９４７年にピュリッツァー賞を受賞した小説『すべての王の臣《しん》』（４６年）は、この童謡の一節「王様の家来が全員（All the King's Men）」から取られている。

　それは４９年に『オール・ザ・キングスメン』として映画化され、アカデミー作品賞を受賞した。この映画はアメリカのポピュリズム、そしてアヴェレージ・ジョー（Average Joe＝平均的な男）またはコモン・マン（普通の男）に対する幻想、メディアによる扇動を描いている。

「この映画では、すべての人間関係が愚弄されている。酔っ払いの母親、不誠実な父親、裏切る恋人、悪い悪い金持ち、そして悪い悪い貧しい庶民……。まるでアメリカ的な生き方に硫酸を投げつけるようなものだ」

『オール・ザ・キングスメン』のシナリオを読んだジョン・ウェインはそんな手紙を書いた。ロバート・ロッセン監督は、主役のウィリー・スタークをウェインにオファーしたが、彼はこんな怒りの手紙で答えた。４９年当時、日本を統治していたアメリカ占領軍は、この映画は民主主義の教師であるべきアメリカの恥部をさらすものだとして日本での上映を禁止した。

愚直に訴えかける男

「ウィリー・スタークを取材してみろ」

若き新聞記者ジャック・バーデン（ジョン・アイアランド）は編集長にそう言われたとき、スタークが自分の人生ばかりか、世の中を変える存在になろうとは夢にも思わなかった。

スタークは南部の貧しい農村地帯で、郡の出納官に立候補し、郡の役所の前で演説していた。

「彼らは我々の血税を懐に入れているのです！」

スタークは「郡の役人は、公立学校の建設の発注に関して建設業者からキックバックを受けている」と告発する。そして、保安官に不当逮捕される。

性格俳優ブロデリック・クロフォード演じるウィリー・スタークは太った垢抜《あかぬ》けない中年男だが、愚直に正義を訴え続ける。その熱意に、ジャックはカリスマを見出《みいだ》す。ジャックがスタークを見出す場面は、『群衆』（４１年）で新聞記者のバーバラ・スタンウィックがホームレスのゲーリー・クーパーを見つける場面、『群衆の中の一つの顔』（５７年）でラジオ・パーソナリティのパトリシア・ニールがホームレスのアンディ・グリフィスを見つける場面とよく似ている。この三本はポピュリズムについての映画だ。

自分の無力さを知ったスタークは中年を過ぎて司法試験を目指し、努力の甲斐《かい》あって弁護士となり、貧しい人々のために戦う。それをジャックは取材し続ける。

カリスマ登場

そして、スタークは州知事選に出馬した。実は現職の知事が対立候補の票を奪うために、泡沫《ほうまつ》候補であるスタークに選挙資金と選挙スタッフを提供したのだ。

「知らなかったの？　あなたはしょせん囮《おとり》なのよ」

選挙顧問に真実を指摘されたスタークはショックで酒をあおり、泥酔した状態で、演説台に立った。

「ヒック（Hick＝貧乏な田舎者）の諸君！　私は票を割るために利用された！」

　スタークはスピーチ原稿を投げ捨て、言いたい放題ぶちまけた。

「面白い話がある。諸君のようなひとりのヒックの話だ。舗装もされてない道しかない田舎で育った。夜明け前に起きて牛の乳を搾《しぼ》り、六マイル歩いてボロボロの学校に通った。何も頼れるものはなかった。夜は遅くまで起きて勉強した。彼は法律を勉強した。自分のような貧しい者のために世の中を変えられると思って」

　スタークは自分のことを話していた。

「ある日、小学校の階段が倒壊し、子どもたちが死んだ。官僚と癒着《ゆちゃく》した業者の手抜

田舎町で政治の腐敗を訴えるスタークは地元の権力者や警察からの嫌がらせを受ける

き工事のせいで。このニュースは知っているだろう。だから彼は立候補した。貧しくても州知事になれると無邪気に信じる田舎者だったからだ。でも、コケにされただけだったのだ。諸君が今まで何千回もコケにされてきたように！　でも、もう沢山だ。聞け！　ヒックの諸君！　金持ちや政治家が諸君を助けてくれるなんて期待するな！　奴らは諸君の票が欲しいだけだ！」

拳《こぶし》を振り上げ、過激な言葉で権力者や金持ちへの怒りをぶつけるスタークに、貧しい庶民は熱狂する。スタークには圧倒的なカリスマがあったのだ。

スターク・ブームが沸き起こる。ジャックはそれを新聞に書き続けたが、突然、上からストップがかかる。政治的圧力だ。ジャックは新聞社を辞める。

結局、州知事選には負けたスタークだが、余裕たっぷりに笑ってジャックに言う。

「どうすれば勝てるか、わかったよ」

四年後、スタークは州知事選に再出馬した。今度は莫大な資金を投じたキャンペーンを展開し、ジャックをスタッフに雇い入れる。政敵のスキャンダルを調査する役割で。そして、スタークは圧倒的な得票率で州知事に当選する。

スタークはジャックにこう語る。「理想を実現させるには悪魔と取引きする必要もある」ここで筆者は水木《みずき》しげるの『悪魔くん』を思い出した。世界に平和と平等を実現するために悪魔に魂を売り渡す物語だ。

ルイジアナのポピュリスト

ウィリー・スタークは実在のルイジアナ州知事、ヒューイ・P・ロングをモデルにしている。ロングは「ポピュリスト」の典型と言われている。

1928年、ロングは民主党から知事に当選した。民主党は70年代後半までは今と逆で、南部の保守的な白人労働者の党だったのだ。特に当時のルイジアナ州は、ニューオリンズの油田以外に収入がほとんどない貧しい州だった。人口の六割が貧困層で、教科書が買えない家庭も多く、四人にひとりが字を読めなかった。道路の大部分が未舗装で、ミシシッピ河がくねくねと州を

スタークのモデルとなったのは実在の政治家ヒューイ・ロングだった
©Bettmann/gettyimages

縦断してメキシコ湾に注ぎ込んでいるのに、自動車が通れる橋は片手で数えるほどしかなく、渡し船に頼っていた。

州知事になったロングはまずすべての子どもに無料で教科書を配布した。字の読めない大人のための成人学校も始めた。ロングは州知事の任期四年間に、三百マイルしかなかった舗装道を七倍以上に増やした。架けた橋の数は百を超えた。さらにルイジアナ州立大学を拡張し、貧しい人々が安い学費で進学できるようにし、貧しい人々のための州立病院も各地に作った。

ルイジアナ州の救世主と崇められたロングは国政に打って出た。32年の上院議員選に出馬し、当選した。そのとき、ロングが打ち出したスローガンは強烈だった。

「シェア・アワ・ウェルス（Share Our Wealth＝我らの富をわかち合おう）」

アメリカの貧富の格差は、1900年から三十年の間に急激に拡大した。

その三十年間に、アメリカは石油、鉄鋼、自動車産業で、国民総生産世界一の大国に成長した。しかし莫大な富は石油王ロックフェラーや、鉄鋼王カーネギーなどの大富豪に集中し、工業化の遅れた南部や中西部は貧しいままだった。金融業界は暴走し、株式バブルを膨らませ、29年、ついにそれははじけ、大恐慌が始まった。

時の大統領フーヴァー（共和党）は、古典的自由経済主義に基づいて、市場を放任して沈静化を待ったが、株価はダウンスパイラルを起こし、倒産は増える一方だった。

３３年、大統領に就任した民主党のフランクリン・Ｄ・ローズヴェルトは、金融の監視、市場への介入、公共事業による雇用の創出、ソーシャル・セキュリティなどのセーフティ・ネットの設立を行ない、経済に積極的に介入した。つまりニュー・ディール政策である。ニュー・ディールとは、トランプでカードをいったん集めて配り直すことで、集中しすぎた富を再分配する、という意味合いがある。

「すべての人が王だ」

富の再分配ということで「社会主義的だ」と批判されたニュー・ディールだが、それをもっと過激にやろうとしたのが、ヒューイ・ロングの「シェア・アワ・ウェルス」だった。これは百万ドル以上の年収がある金持ちから余剰分を取り立てて、全世

純情な社会改革者だったスタークは、自らの権力を求め始めるのであった
©Mary Evans/amanaimages

帯に分配する。大恐慌のため、当時の平均年収は千五百ドルほどに下がっていたが、これを二千ドルから二千五百ドルになるように、各世帯に七百〜八百ドルを支給する。いわゆるベーシック・インカムである。

ロングの現金バラ撒《ま》き案は、ローズヴェルトのニュー・ディールの成果が上がるのが待ちきれない人々から熱く支持された。その勢いでロングは、１９３６年の大統領選挙を目指していたらしい。民主党から出て、自分で第三党を立ち上げ、ローズヴェルトを打倒するというのだ。

「すべての人が王だ（Every man, a king）」

ヒューイ・ロングは唱えた。これは『オール・ザ・キングスメン』のタイトルの由来でもある。

「シェア・アワ・ウェルスによる富の再分配は共産主義では？」と質問されたロングは「バカなこと言うな！」と否定した。

「富の再分配はマルクスではなく、聖書から得たアイデアだ（旧約聖書には、貧富の差の拡大を防ぐため、一定期間ごとに金持ちの資産を貧者に分け与えるジュビリーというルールが記されている）。この富の再分配こそが、アメリカを共産主義から救う手段なのだ！」

実際、ロングは社会主義にはまったく興味がなかった。『オール・ザ・キングスメン』の監督ロバート・ロッセンは当時、密かに共産党に所属していた。しかし、共産党から「あなたの映画『オール・ザ・キングスメン』は富の再分配を否定している」と批難された。ロッセンは「そうではない、これは独裁についての物語だ」と反論したが理解されず、決裂して共産党を去った。それと同じ1949年、共産主義が独裁に向かうことを暴いたジョージ・オーウェルの『一九八四年』が出版されている。

ヒットラーとヒューイ・ロング

ポピュリズムは左右と関係ない。とにかく、貴族や富裕層、政治家、大企業、官僚などの既得権への憎悪をかき立て、大衆の人気を獲得することである。貴族や資本家への憎しみで始まった社会主義革命も、ユダヤ人をスケープゴートにして始まったナ

ヒューイ・ロング知事の「私設軍隊」
©Bettmann/gettyimages

チズムも、ポピュリズムという点では同じなのだ。彼らは、大衆に、官僚や既存の政治家を憎ませて、自らの権力を拡大し、反対者を排除し、独裁体制を固めていく。『オール・ザ・キングスメン』で州知事になったウィリー・スタークは、自分に反対する州職員をすべて解雇し、空いたポストに自分の信奉者を就職させた。お城のような州知事官邸を建てた。反対者からの攻撃に備えて、トンプソン機関銃で武装した私設軍隊に自分を守らせた。

私設軍隊なんて、まるで望月三起也《もちづきみきや》の劇画『ワイルド7』に登場する悪役のようだが、実際にヒューイ・ロングは機関銃で武装した「警備隊」を持っていた。当時の記録フィルムを見ると、まるっきりヒットラーの突撃隊そのものだ。『群衆』で黒幕として登場する大富豪も私設軍隊を持っていたが、やはりロングをモデルにしたのだろう。「ロングはヒットラーだ」とローズヴェルトが言ったのも無理はない。

ヒューイ・ロングは州の職員を自分の信奉者で固めるだけでなく、彼らに給料の一部を上納させ、それを自分の選挙資金にした。自分を批判する新聞の広告に課税して妨害する一方で、自ら大政翼賛新聞を創刊した。

ロックフェラーのスタンダード・オイルを攻撃する一方で、自分は州の保有地の石油を採掘する石油会社を経営した。スタンダード・オイルとも裏で取引きした。州都バトン・ルージュに三十四階建ての州庁舎を建設し、豪華な州知事官邸も建てた。道路や橋、数え切れないほどの建築物で、建設会社からキックバックされる金も莫大だった。

ロングの政敵も対抗して武装集団を結成し、いよいよ政治というよりギャングの抗争の様を呈し始めた。

『オール・ザ・キングスメン』のスタークも自らの「突撃隊」を持つ

理想主義の失敗

1935年、ロングは翌年の大統領選挙への立候補を準備し始めた。ロングは民主党を抜けて、自分で第三党を立ち上げ、ローズヴェルトを打倒しようとしたのだ。『エルマー・ガントリー』の著者シンクレア・ルイスは『それはここでは起こるはずがない（It Can't Happen Here）』（35年）を書いた。題名は「ソ連やナチスのような事態は民主主義の国アメリカには起こらない」という意味で、ロングのようなポピュリストが大統領に選ばれて、全体主義でアメリカを支配する物語。ヒットラーだって国民による投票で選ばれたのだ。

『オール・ザ・キングスメン』のジャックは、ウィリー・スタークが独裁者と化していくのを見て愕然《がくぜん》とするが、彼の調査係として働き続ける。

「オムレツを作るには卵を割らないといけない」とジャックは言う。世の中をより良く改革するためには手荒い独裁も必要だ、と自分を納得させる。すべての理想主義者たちが、まったくの善意から、救世主に希望を託した後、その救世主が独裁者だったことを知っても、加担し続けるのをやめられない。

スタークは教祖のようなカリスマで女性たちを魅了した。ジャックが愛する女性アン・スタントンすらも。アンは前州知事のご令嬢で、ジャックと幼馴染《おさなな じ》み。ジャックはアンと結婚する気でいたが、彼女は密かにスタークに抱かれ、スタークとの結婚を夢見ていた。

自分の恋人を奪われてもなお、ジャックはスタークに逆らえない。

「自分は間違っていた、と認めることができないからだ」

スタークに罷免《ひめん》されたスタントン判事（アンの叔父）はジャックにそう指摘する。

ハンプティ・ダンプティは落ちた

スタークは数々の汚職を問われて州議会の弾劾《だんがい》裁判にかけられる。スタークはジャックから入手したスタントン判事のスキャンダルを盾に判事を脅して、自分を無罪にしろと強要する。追い詰められた判事は拳銃で自殺する。

結局、弾劾裁判でスタークは無罪になる。これもヒューイ・ロングに実際にあったとおり。州庁前に集まった数万の群衆はスタークの勝利に歓声を上げる。

「私の行く手に立ちはだかる者はすべて叩き潰す！」

もはや、スタークがアメリカを支配することは阻止できないのか？

その瞬間、柱の陰に隠れていた男が拳銃でスタークの腹を撃った。犯人はスタントン判事の甥《おい》、アンの兄である医師だった。自分の叔父を自殺に追い込み、妹を弄んだ男への復讐《ふくしゅう》だった。実際にヒューイ・ロ

巨大な肖像写真を背景に演説するスタークの姿は全体主義の独裁者そのものだ

ングを撃ったのも、彼に罷免された判事の娘婿で眼科医だった。

犯人は、その場でスタークの用心棒シュガーに射殺される。バンバンバンバンバンバン、彼は拳銃の全弾を犯人に叩き込む。さらにスタークの私設軍隊が機関銃をバリバリバリバリとフルオートで撃ちまくる。

「撃ちすぎだよ！」と思うが、実際はもっとひどくて、犯人は複数の機関銃で文字どおりズタズタにされた。あまりに弾丸をバラ撒いたので、その跳弾がロングに当たって致命傷になったという噂もあるほどだ。

ハンプティ・ダンプティは塀から落ちた。ジャックたちキングスメンに囲まれたスタークは死に際にこう言い残す。

「世界がおれのものになりそうだったのに……」

民主主義の落とし穴

スタークもロングも最初は、ジャックと同じように純粋に貧しい者を救いたかっただけかもしれない。そのための手段としての独裁がいつの間にか目的にとって代わったのかもしれない。大衆のための政治が独裁者を生む、ポピュリズムは民主主義の落とし穴である。

ヒューイ・ロングは今も賛否両論を呼び続ける存在だ。ロングはルイジアナの多くの人々にとって志に殉じた英雄であり続ける。彼の死後八十年を経た今も市庁舎前には彼の彫像が立ち、彼の息子ラッセル・B・ロングは父の威光を背負って、1948年から87年まで、三十九年間にわたって上院議員であり続けた。

ロングの名前は今も、ポピュリズムや富裕層への増税を語るたびに蘇り続ける。ピュリッツァー賞を受賞した評論家ジョージ・F・ウィルはブッシュ政権によるイラク戦争に真っ向から反対した保守本流の政治評論家だが、オバマ大統領が年収百万ドル以上の金持ちに課税すると提案したとき、「ヒューイ・ロング的だ」と批判した。

スタークを「発見」したジャーナリストのジャックもやがて権力の一員になってしまう
©Mary Evans/gettyimages

逆に、ヒューイ・ロングについての研究書『抵抗の声たち（Voices of Protest）』（82年）などの著作があるコロムビア大学教授アラン・ブリンクリーは、「ブッシュ政権が起こした経済崩壊と戦うオバマは大恐慌と戦ったローズヴェルトであり、そのオバマの足を引っ張る右派草の根運動のティー・パーティこそがヒューイ・ロングだ」と論じた。

オバマの支持者にも、改革が共和党の反対によって進まない現状に苛立って、強硬策を望む人々も少なくない。「オバマは大統領令をがんがん出して強引に押し切るべきだ。ローズヴェルトのように。いや、いっそヒューイ・ロングのように」と。国民の幸福のためにはある程度の独裁も止《や》む無し、「オムレツを作るには卵を割らなきゃ」と。しかし、なぜ、オバマはけっして大統領令で強行突破せず、さらに交渉と説得を忘れないのか、それを考えたほうがいい。強い指導力と独裁は紙一重なのだ。

英語には「願い事には気をつけなさい（Be careful what you wish for）」という警句がある。誰かが願いをかなえてくれるときはかならず代償を支払わされる、という意味だ。たとえばW・W・ジェイコブズの短編小説『猿の手』（１９０２年）で「二百ポンド欲しい」と願ったら、息子が事故死して保険金が二百ポンド支払われるように……。

第15章

『侵入者』

The Intruder

1962年
監督　ロジャー・コーマン
脚本　チャールズ・ボーモント
出演　ウィリアム・シャトナー

インディの帝王が命懸けで撮った「最も危険な映画」

コーマン学校

『クライシス・オブ・アメリカ』（２００4年）の日本公開時（０5年）にジョナサン・デミ監督にインタビューした。『クライシス〜』は『影なき狙撃者』（１９６2年、本書13章）のリメイクだが、デミは当時進行していたイラク戦争を絡めて、軍産複合体が戦争をデッチ上げる恐怖を描いていた。その前年にはジョージ・W・ブッシュ大統領が再選されており、支持率も五割以上だったのに、このようなブッシュ政権への批判に満ちた映画を作るのは勇気がいるのではないか？

「だからこそ、作るべきだった」デミは言う。「ラジカルで反体制的なメッセージを映画に盛り込め、と教えてくれたのは我が師ロジャー・コーマンだ」

ロジャー・コーマンは60年代から70年代、ドライブイン・シアター向けの低予算映画を大量にプロデュースした。当時ハリウッドから締め出されていた映画学校やテレビ出身の映画作家たちはコーマンの下で映画作りを修業した。そんなコーマン門下生は、フランシス・コッポラ、ジェームズ・キャメロン、マーティン・スコセッシ、ロン・ハワード、ジョー・ダンテなど錚々《そうそう》たる顔ぶれだ。コーマンは、カーチェイスがあって、銃撃戦があって、お色気があって予算内に収まれば、どんな映画を作っても文句を言わなかったので、若い作家たちは自由にその才能を発揮できた。ギャラはタダ当然だったが。

　そんなコーマン学校卒業生のひとりジョナサン・デミは、出世した後も師匠にリスペクトを欠かさず、『羊たちの沈黙』（９１年）や『クライシス・オブ・アメリカ』など自分の作品にコーマンを頻繁に特別出演させている。

「庶民はたいてい体制や大金持ちに不満を持っているから反体制は商売になる、とコーマンは言っていた」デミは言う。「コーマンが製作した映画はゲテモノだけど女性や黒人など弱者の味方をする映画が多かった。ただ、それが全部、商売のためだとは思えない。コーマンは本当にラジカルな人なんだと思うよ」

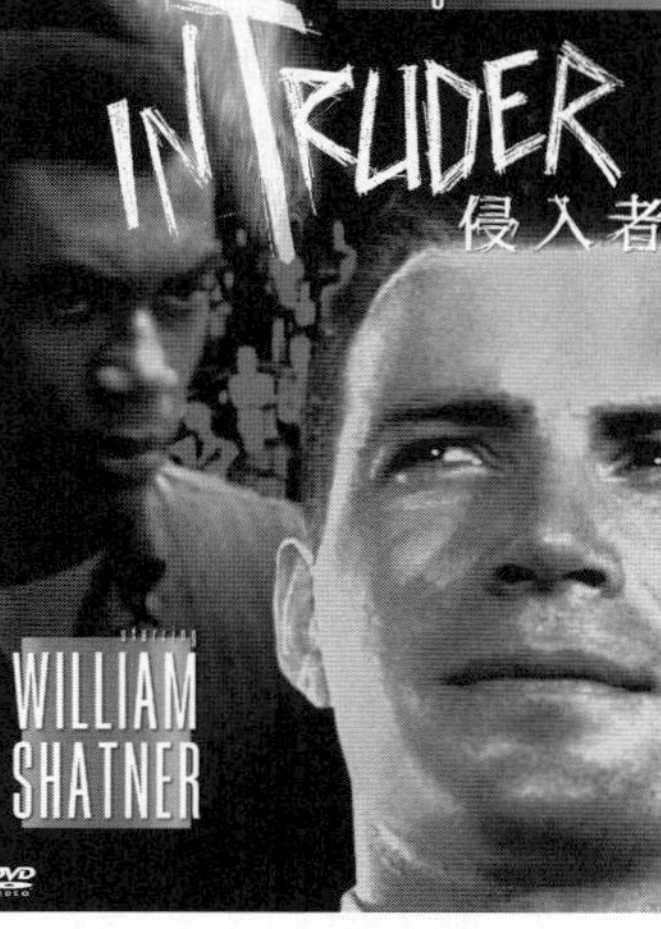

日本版『侵入者』ＤＶＤジャケット
（発売・販売元：キングレコード）

人種隔離か、人種融合か

実際、まったく商売を度外視した映画もある。コーマンが自ら監督した『侵入者』(1962年)だ。これはアメリカ南部で始まっていた人種隔離政策撤廃の動きをリアルタイムで描いた、非常に珍しい映画だ。

冒頭、白いスーツを着た若い白人男性がバスに乗って南部にやって来る。彼はバスを降りるとき、幼い少女に手を貸してやる。親切で笑顔の爽《さわ》やかな青年。ホテルに入り、宿帳に「アダム・クレイマー」と書き込む。演じるのは後に『スター・トレック』でエンタープライズ号のカーク船長となるウィリアム・シャトナー。

この町に来た理由は何？ ホテルの女主人が尋ねるとクレイマーは「社会運動」と答える。「人種融合政策についてどう思いますか？」

「ああ。この町の高校にも黒人生徒が十人も入ってくるのよ」

南部の各州では南北戦争に負けて奴隷が解放された後も、黒人差別は続いていた。まず、学校、トイレ、水飲み場、バスの座席、レストランなど、公共の場所はすべて「白人用」と「有色人種用」に分けられていた。これをセグレゲーション（人種隔離政策）と呼ぶ。

ところが1954年、連邦最高裁は南部の公立学校における人種隔離が教育の平等を定めた合衆国憲法に違反していると判決し、白人の高校に黒人の生徒が通い始めた。インテグレーション（人種融合政策）の始まりだ。

「それが正しいことだと思いますか？」クレイマーはホテルの女主人に尋ねる。

「誰も思ってないわ。でも、これが法律なのよ」

南部各州の白人たちは学校に黒人が入らないよう、ピケを張った。特にアーカンソー州リトルロックでは、怒れる白人たちが暴徒と化して黒人生徒を襲う寸前まで緊張が高まり、アイゼンハウアー大統領が、黒人生徒たちの護衛のために州軍を出動させる事態になった。

アダム・クレイマーは地元の白人たちを熱狂的な演説で扇動する。

真にラジカルな映画人、それがロジャー・コーマンなのだ

「ニグロが白人と同じ学校に通う。一緒に勉強し、食事し、寝てしまうかもしれない！」

「NAACP（全米黒人地位向上協会）がインテグレーションを求めるまで、南部は平和だった！　これは単なる学校の問題ではない。実は、アメリカを憎むユダヤ人どもに操られた共産主義者たちの最前線なのだ！　ユダヤ人どもが金をバラ撒いてセグレゲーションを撤廃しようとしている！　それは共産主義への第一歩だ！」

聴衆は熱狂する。ヒットラーの演説を聞くドイツ人たちのように。

差別撤廃は金持ちユダヤ人と共産主義の陰謀？

しかし、クレイマーとは何者なのか？

「私はパトリック・ヘンリー・ソサエティから派遣された」

クレイマーは自己紹介する。パトリック・ヘンリーとはアメリカ独立の祖のひとりで宗主国イギリスに対して「自由か、さもなくば死を」と言ったことで有名だ。アメリカ独立後は、連邦政府よりも各州の自治を重視する反連邦派であり、「人種融合は州の自治に対する連邦政府の圧政だ」とする南部保守派からは神格化されており、『宇宙の戦士』（59年）を書いたSF作家ロバート・A・ハインラインも「パトリック・ヘンリー・グループ」という反共団体を立ち上げたことがある。

しかし、「パトリック・ヘンリー・ソサエティ」という団体は実在しない。これは「ジョン・バーチ・ソサエティ」という実在の右翼団体をモデルにしている。１９５８年、ロバート・Ｗ・ウェルチは、４５年に中国共産軍相手にスパイ活動をして殺された反共運動家ジョン・バーチの名前を冠した反共運動団体を結成した。ちなみにその資金はウェルチの弟が経営していたお菓子会社の収益である。

黒人の差別撤廃運動と金持ちのユダヤ人と共産主義が結託しているというクレイマーのアジテーションは、ジョン・バーチ・ソサエティでロバート・Ｗ・ウェルチが喧伝《けんでん》していた陰謀論である。要するに南部の白人たちが嫌いな三つの要素を無理やり結びつけただけだ。

クレイマーはさらに白人たちの恐怖を煽る。「黒人たちは学校の次にどこへ行くと思う？　選挙だ。彼らが選挙に参加し始めたら、黒人の政治家が生まれ、南部は彼らに乗っ取られる！」

南北戦争後、黒人にも参政権は認められたが、白人たちはあらゆる手段で黒人の政治参加を妨害した。ＫＫＫ（クー・クラックス・クラン）はそもそも黒人の投票を妨害するために始まった。

クレイマーに扇動された白人たちは、ＫＫＫの衣装を着て、黒人街を示威行進し、黒人教会の前に立てた十字架に火をつける。燃える十字架はＫＫＫのシンボルだ。

命懸けの南部現地ロケ

『侵入者』の原作者チャールズ・ボーモントはＴＶシリーズ『トワイライト・ゾーン』（１９５９〜６４年）の脚本家のひとりでもある。『トワイライト・ゾーン』は一話完結のＳＦまたはホラーのドラマだが、人種問題を扱うことも少なくなかった。それは製作・脚本・演出、そしてホストであるロッド・サーリングが人種問題に大きな関心を抱いていたからだ。サーリングはエメット・ティル惨殺事件をテレビ・ドラマ化しようとしたことがある。５５年、十四歳の黒人少年エメット・ティルが南部ミシシッピ州で白人女性に「ベイビー」と呼びかけただけで、全身を殴られ、目玉をえぐられ、射殺され、死体をさらしものにされた。犯人は無罪になった。ドラマ化が発表されるとＫＫＫがテレビ局を脅迫し、舞台は南部から東部に、被害者は黒人からユダヤ系に変更させられた。

クレイマーに扇動された白人たちは、ついに黒人教会にダイナマイトを投げ込んで、黒人牧師を殺してしまう。教会へのダイナマイト攻撃は当時実際に起こっていたことだ。

クレイマーに恐怖を抱いた地元の新聞記者マクドナルドは、高校に登校する黒人青年たちを守るため、彼らと一緒に歩く。しかし、白人たちに袋だたきにされ、片目をえぐられる。エメット・ティルのように。

　そのマクドナルドの怪我すらもクレイマーは利用する。彼の娘に「私の言ったとおりにしないと父さんは殺されるぞ」と脅す。娘は高校で、黒人学生にレイプされそうになったと訴える。白人たちはついに高校に乗り込み、その学生をリンチしようとする……。

『侵入者』で最も不気味なのは、アダム・クレイマーの正体や目的が最後までわからないことだ。パトリック・ヘンリー・ソサエティから来たと言うのも本当かどうかわからない。クレイマーは、『トワイライト・ゾーン』の脚本家のひとりリチャード・マシスンの短編『種子《たね》まく男』やスティーヴン・キングの『ミルクマン』の主人公によく似ている。『種子まく男』も『ミルクマン』も、田舎町に憎しみの種を蒔き、煽り、町を混乱に陥れる。しかし、その本当の目的は描かれない。少なくとも金ではない。彼らは、ただ人々を憎み合わせることを目的とする、サタンのような純粋悪にすら見える。

『侵入者』公開当時のハリウッドでは『アラバマ物語』（62年）以外、南部の人種隔離の実態を描く映画はほとんど作られていなかった。その『アラバマ物語』ですら、人種衝突が続いている南部で撮影することは不可能で、ハリウッドのセットで撮影するしかなかった。

　ところがコーマンは実際に南部の街で全編ロケーションした。それも主要人物以外は全部地元の住民を使って。住民にはニセのシナリオを渡し、過激なセリフは別撮りして、映画の内容を住民から隠したというエピソードはコーマンらしい。

コーマン版『イージー★ライダー』

「思想のために利益にならない映画を作ったのは『侵入者』一本きりだ」とコーマンはたびたび口にするが、それはちょっと違う。実はコーマンにはもう一本、『Gas-s-s-s』(1970年)という監督作がある。アメリカ軍の毒ガスが漏出して、二十五歳以上の大人が死滅した世界を舞台にしたSF政治コメディだ。

「世界を救うために世界を滅ぼすことが必要になった」という副題が示すように、大人が死んだ後の世界はラブ&ピースのユートピアとして描かれる。ゲスト出演したカントリー・ジョー&ザ・フィッシュがこう歌う。「僕たちが夢見た世界が実現した。もう大人から戦争を教えられることもない」

ロサンジェルスに住んでいた若者たちがニューメキシコにあると言われるヒッピーのコミューンを目指して、サイケにペイントされた車で大陸を横断する。若者たちは、『ハロルドとモード 少年は虹を渡る』(71年)のバッド・コート、『ロッキー』(76年)のエイドリアンでおなじみタリア・シャイアなど。

若者たちは旅の途中で、西部劇の俳優名を連呼しながらの銃撃戦や「アメリカを取り戻した」と喜ぶインディアンたちに出会い、ＬＳＤでトリップし、フリー・セックスを楽しむ。そう、『Gas-s-s-s』はコーマン版『イージー★ライダー』（６９年）なのだ。

コーマンはピーター・フォンダ主演『ワイルド・エンジェル』（６６年）で、それまでのハリウッドでは愚連隊扱いだったヘルズ・エンジェルスを社会の被害者として描き、ピーターとの二作目『白昼の幻想』（６７年）では社会の敵とみなされていたＬＳＤをコミュニケーション拡張の福音として描いた。そのピーター・フォンダがデニス・ホッパーとコーマンに持ち込んだ企画『イージー★ライダー』は、出資元であるＡＩＰから却下され、コロムビア映画の資本で作られ、世界的な大ヒットになった。コーマンはくやしかったに違いない。それで、自分で『イージー★ライダー』を作ったのがこの『Gas-s-s-s』なのだ。その証拠

ピーター・フォンダ主演『ワイルド・エンジェル』もまたコーマン魂の産物
©Everett Collection/amanaimages

に、イージー・ライダーと同じチョッパー・バイクに乗ったエドガー・アラン・ポーが登場する。コーマンは60年代初めにポー原作の映画を続けて監督していた。

大人が死んだ後も、愛と平和の敵がいた。中西部の大学ではアメフト軍団が暴力で世界を支配しようとする。彼らスポーツマンは肉ばかり食っている筋肉バカで、マシンガンを載せたサンドバギーでヒッピーが暮らす農村を襲う。このへんは『マッドマックス2』(81年)のヒューマンガスを先取りしている。ただ、彼らは元アメフト部なのでチアリーダーたちがポンポンを振りながら「ファシズム万歳！　ヒットラー最高！」と応援する。また、農村を襲うのも「肉ばかり食って体を壊したから野菜が欲しい」という理由。そんな笑えないギャグが拷問のように続く。リチャード・レスター監督が核戦争後のロンドンを描いた脱力コメディ『不思議な世界』(69年)そっくりだが、影響されたのだろう。

最後はヒッピーとスポーツマンが和解し、リンカーンやガンジー、JFK、チェ・ゲバラが蘇る。暗殺されたり戦死した偉人ばかりだ。最後には68年に暗殺されたばかりのキング牧師まで現われる。そしてまたエドガー・アラン・ポーが登場。「戦争や差別や暴力は続くかな?」と問いかけると、肩の上のカラスがポーの詩「大鴉《おおがらす》」の有名な一節で答える。「Nevermore(もう二度とない)」。

『Gas-s-s-s』は失敗作と書いたが、実際は赤字を出してないかもしれない。なぜなら、凄まじい低予算だから。冒頭のガス漏出シーンも紙に色鉛筆で描いたアニメだし、二十五歳以上の大人が死に絶えた、というのもセリフで説明されるだけで、映像描写は一切ない。最後の復活する偉人たちもチープな張りぼてだし。

ちなみに2007年、アメリカで発売された『侵入者』のDVD特典でコーマンは、『侵入者』が最近ヨーロッパで公開されて観客を集めて最終的に黒字になった、と主張している。1セントだって損をしたことがないのがコーマンの誇りなのだ。

第16章

『バック・トゥ・ザ・フューチャー』『フォレスト・ガンプ』

なぜ60年代をアメリカの歴史から抹殺したのか

Back to the Future
Forrest Gump

1985年
監督　ロバート・ゼメキス
脚本　ボブ・ゲイル 他
出演　マイケル・J・フォックス
　　　クリストファー・ロイド

1994年
監督　ロバート・ゼメキス
脚本　エリック・ロス
出演　トム・ハンクス
　　　ロビン・ライト・ペン

諸君を未来に連れて帰ろう！

I would like to take you "Back to the Future"!

ロナルド・レーガン大統領の演説

日本人の知らないゼメキス監督の「罪」

レニ・リーフェンシュタールがヒットラーの下で監督したナチス党大会の記録映画『意志の勝利』（1935年）とベルリン・オリンピックの『民族の祭典』（38年）は戦後、ナチスのプロパガンダ映画として批判されたが、「思想と芸術は別物だ」として彼女の映像美学だけを純粋に評価しようと言う人々もいる。

同じことはD・W・グリフィス監督の『國民の創生』（15年）にも言える。第1章に書いたとおり、黒人が選挙に参加するのを妨害するKKKを英雄として描いた映画で、アフリカ系アメリカ人からは差別を助長する映画として憎悪されてきたが、その人種差別思想は別として、現代に通じる劇映画のテクニックを確立した功績は評価すべきだと言う人々もいる。

これは原爆と同じだ。その科学技術はたしかに高度だが、だからこそ危険だ。『民族の祭典』も『國民の創生』も、芸術として高度で、優れているからこそ、歪めた歴史を信じさせる力は強大になる。ちなみにセルゲイ・エイゼンシュタイン監督の『戦艦ポチョムキン』（２５年）も、『國民の創生』と並んで映画の文法を確立した映画だが、モンタージュ技術によって映画史に残る「オデッサ階段の大虐殺」は史実にないフィクションだ。だが、世界中の多くの人々が、『戦艦ポチョムキン』によって、それが史実だと今も信じている。

そういった歴史の捏造はハリウッドのブロックバスター映画でも行なわれている。中でも最大のヒットとなったのがロバート・ゼメキス監督の『フォレスト・ガンプ／一期《いちご》一会《いちえ》』（９４年）である。これはその年のアカデミー賞を独占したが、『國民の創生』と同じく、多くの人々から今も批判されている。なぜなら、60年代を恣意的に歪めて描き、黒人がついに平等を勝ち取った公民権運動を歴史から抹消しているからだ。

そして『フォレスト・ガンプ』は単独ではなく、ゼメキス監督の出世作『バック・トゥ・ザ・フューチャー』（８５年）と互いに補完し合って、捻じ曲がったアメリカの戦後史を形成している。いかに捻じ曲げられているか、決定的な例をひとつ挙げるなら、ヴェトナム戦争を描きながら、アメリカがそれに敗《ま》けた事実をなかったことにしているのだ。

この二作品がエンターテインメントとして優れていることはけっして否定しない。だが、歴史の歪曲と捏造と虚偽に満ちているのもまた事実だ。日本ではほとんど論じられることはなかったその側面について、ここで検証していく。

白人たちの絶望を体現したマーティ

『バック・トゥ・ザ・フューチャー』の舞台はカリフォルニアの小さな町ヒルヴァレー。主人公のマーティ・マクフライ（マイケル・J・フォックス）は、趣味はスケボー、尊敬するギタリストはヴァン・ヘイレンという、ごくごく普通の高校生。けれど気分はどん底だった。

高校のダンスパーティのバンドのオーディションには「音が大きすぎる」という理由で落とされ、校長のストリックランドからは侮辱される。

「お前は負け犬だ。親父《おやじ》と同じで。マクフライ家はヒルヴァレーの歴史に貢献したことがない」

「歴史は変わるものですよ」と言い返すマーティだが、家に帰ってショボくれた父親（クリスピン・グローヴァー）を見ると校長の言葉に納得する。

父は上司ビフ（トマス・ウィルソン）に怒鳴られている。ビフはビールを飲みながら父の車を運転して事故を起こしたが、それを父のせいにして弁償もしない。その車で週末デートしようと思っていたマーティだが、ヘラヘラ卑屈に笑う父を見て怒る気すら失《う》せてしまう。

兄は油にまみれた自動車整備工、姉は二十歳《はたち》を過ぎて男とデートしたこともない。母（リー・トンプソン）は惨《みじ》めな現実に疲れてキッチン・ドリンカーとなり、父と出会った高校時代、50年代の思い出に逃避する。

「あの頃はよかった」

どうして、こんなことになっちまったんだ？　アメリカン・ドリームはどこにいっちまったんだ？

マーティの失望は、当時のアメリカ白人の気持ちを代弁している。

ノスタルジーの権化《ごんげ》としてのレーガン

第二次世界大戦後の二十年間、アメリカは世界一の国だった。

ドイツと日本の侵略からヨーロッパとアジアを救い、自由と民主主義と資本主義で世界をリードした。電化製品と自家用車のあるアメリカの生活、アメリカのジーンズ、ロックンロール、ハリウッド映画に世界中が憧れた。誰でも幸福になれるアメリカン・ドリーム、その中に自分たちは生きているとアメリカ人も思っていた。

その夢から覚め始めたきっかけは、1950年代からの公民権運動ではないか。アーカンソー州の公立学校の黒人排除を憲法違反とする最高裁判決が出て、黒人の登校に反対する白人群衆の憎悪に歪んだ顔がテレビで放送され、平等の国のはずのアメリカが百年前の南北戦争の頃と何も変わってないことが世界中にさらされた。

60年代に入るとアメリカの嘘がさらに次々と暴かれていった。63年にはJ・F・ケネディが暗殺された。奴隷解放から百年も経つのに黒人は依然として差別され、女性も働く場から排除され、ヴェトナム戦争では女子どもや老人が殺されている。そもそもアメリカはインディアンから奪った国だ。アメリカへの幻滅は、ヴェトナムで惨敗し、民主党を盗聴した「ウォーターゲート事件」でニクソン大統領が辞任した70年代に頂点に達した。戦災から復興したヨーロッパやアジアが作る安くて優秀な外国製品にアメリカの生産業は圧倒され、失業者が増え、都市はスラム化した。

アメリカン・ドリームが崩れた60年代に、アメリカン・ドリームをスクリーンで見せてきたハリウッド映画も観客を失った。経営難に陥った映画会社は70年代に入ると若い監督を起用して、セックス、ドラッグ、ロックンロール、バイオレンス、それに反体制的メッセージを盛り込んだ映画で若者を劇場に取り戻そうとした。しかし、その映画はどれも暗かった。ニセの夢ではなく厳しい現実を描こうとしたからだ。

しかし70年代末、スティーヴン・スピルバーグとジョージ・ルーカスの『ＪＡＷＳ／ジョーズ』（７５年）、『スター・ウォーズ』（７７年）、『未知との遭遇』（７７年）はセックスやドラッグを排し、現実ではなくＳＦＸで作られた、明るく楽しい家族向けの娯楽を提供した。殺伐《さつばつ》としたリアリズムに疲れていた観客はそれに殺到し、夢工場としてのハリウッド映画も再生していった。

政治においても同じような「反動」が起こった。８０年の大統領選挙で共和党から立候補したロナルド・レーガンは、50年代の古き良きアメリカ、強いアメリカ、豊かなアメリカ、神を愛し、家族を愛するアメリカの復活を掲げて選挙に圧勝した。国家への不信感に疲れたアメリカ人はレーガンのノスタルジーに飛びついた。

８４年の選挙でもレーガンは圧倒的支持を受けて再選された。その翌年、スピルバーグがプロデュースしたのが、50年代の古き良きアメリカをスクリーンに蘇らせる『バック・トゥ・ザ・フューチャー』だった。

リビアのテロリストに殺されたドク

真夜中、マーティは近所の発明家ドクことブラウン博士（クリストファー・ロイド）の電話でショッピングモールの駐車場に呼び出される。ついにタイムマシンを完成したというのだ。

　タイムマシンはステンレス製の銀色のボディにガルウィング・ドアのスポーツカー、デロリアンの車体に組み込まれていた。「最初は冷蔵庫に組み込もうとしたけど、子どもが真似して死ぬと困るし、移動できないので自動車にした」と監督のロバート・ゼメキスは言う。脚本のボブ・ゲイルは「デロリアンにしたのは、ドクも言ってるようにかっこいいからだ」と言う。「その暗い過去は知らなかった」

　デロリアンはGM（ゼネラルモーターズ）の重役だったジョン・デロリアンが独立して作った会社DMCのたったひとつの商品。1981年から一年間、わずか九千二百台しか生産されなかった。資金繰りに困ったデロリアンがマネー・ロンダリングのおとり捜査に引っかかって逮捕されたからだ。

　ドクのタイムマシンは特定のスピードと1・21ギガワットの電力が必要だ（ジゴワットと発音されているが、これはボブ・ゲイルのミス）。そのためデロリアンには小型の原子炉がついている。ドクはリビアのテロリストに「原爆を作ってやる」と持ちかけ、発電所から燃料のプルトニウムを盗ませた。当時、「強いアメリカ」を提唱するレーガン政権は、カダフィ大佐が政権を握るリビアと激しく対立していた。

　騙されたことを知ったリビア人たちはドクを射殺し、目撃者マーティに迫る。彼はとっさにデロリアンに乗って逃げた。すると、マーティはそのままタイム・スリップしてしまう。ドクがタイムマシンの原理を閃《ひらめ》いた55年に。

55年のヒルヴァレー。85年にはショッピングモールがあった場所は広大な畑。マーティの家のある郊外の住宅地はまだ造成中。そこでマーティはダウンタウンに入る。ダウンタウンとは「下町」ではなく、町の中心部のこと。市庁舎をはじめとする役所、企業、金融機関が集中する政治と経済の中心である。また、商店やレストランや劇場が並ぶ歓楽街でもあった。20年代のハリウッド黄金期には、アメリカ中のダウンタウンにアールデコ調の豪華な劇場が建設され、街中の人が盛装して映画を観に来た。マーティは、パステルカラーに彩られた美しいダウンタウンに圧倒される。聴こえてくるのはザ・コーデッツの54年のヒット曲「ミスター・サンドマン」。眠りの砂を撒く妖精のことを歌っているが、マーティも夢心地だ。

マーティは荒れ果てたダウンタウンしか見たことがなかった。85年のダウンタウンでは店は閉鎖されて新しいテナントの入る気配もなく、潰れかけた映画館は『オージー・アメリカン・スタイル』なるポルノ映画を上映し、市庁舎前の広場にはゴミと落書き、ホームレスしかいなかった。

アメリカ各地のダウンタウン崩壊は、郊外に安い住宅地が開発された50年代に始まった。ベビーブームで赤ん坊を抱えた若夫婦が郊外にマイホームを持ち始めた。市の中心部のアパートに残ったのは、貧しい黒人ばかりで、それが60年代にスラム化した。郊外に移った白人たちはダウンタウンに寄りつかなくなった。
マーティが見たのはダウンタウン最後の輝きだった。

若者文化とアトミック・エイジ

『バック・トゥ・ザ・フューチャー』の企画は、脚本のボブ・ゲイルがセントルイスの実家に帰ったとき、両親の高校時代のアルバムを見たのがきっかけだった。そこにはゲイルが全然知らない十代の父や母がいた。そこで思いついた。十代の自分が十代の頃の両親に会ったらどうなるだろう?

マーティはパーラーで自分と同じ十七歳の父ジョージに出会う。ジョージはそこでも三十年後と同じように不良少年ビフにイジメられていた。マーティは車に轢《ひ》かれそうになった父を突き飛ばして、代わりに車にはねられて気絶する。

マーティはベッドで目覚める。枕元には母が座っている。なんだ、やっぱり夢だったのか。ところが母ロレインは自分と同じ十七歳の姿だった。彼をはねた車を運転していたのはロレインの父だったのだ。ロレインの部屋の壁には当時のアイドル歌手パット・ブーンなどの写真が並んでいる。85年には「男を追い回す娘はふしだらよ」と言っていた母ロレインは、高校時代、たいへんなボーイ・クレイジーだった。ロレインはマーティに積極果敢に迫ってくる。「カルヴィン、あたしの部屋に泊まっていって」。寝ている間にマーティのジーンズを脱がせ、そこに縫いつけてあった名前「カルヴァン・クライン」がマーティの名だと思ったのだ。

当時、ジーンズはただの作業着だった。若者向けのファッションなど存在もしなかった。

「55年にしたもうひとつの理由は、若者文化が誕生した年だからだ」ゼメキスは言う。それまで「若者文化《ユース・カルチャー》」などというものは存在しなかった。50年代以前の社会では、人は高校を出るとすぐに就職してすぐに結婚して大人になった。子どもと大人の中間向けの服や音楽、映画などなかった。たとえば服は、親が買い与える子ども服と、大人が着る服の二種類しかなかった。

ところが、50年代の好景気の中で中産階級が増える一方、結婚適齢期が引き上げられ、十代後半から二十代前半の「若者」という消費層が生まれた。世帯収入の上昇で、高校生のもらう小遣いも上昇し、自分で好きな服やレコードを買い、好きな映画を観に行けるようになった。そして、彼らをターゲットにした商品、つまり服や、アイドル歌手、若者映画が作られ始め、若者の一番の関心事である恋愛、異性、早い話思春期の性欲を刺激するように進化していった。そんな若者層を象徴しているのが、セックスに興味津々のロレインというわけだ。

だが、50年代に生まれた若者文化は60年代の若者革命《ユース・レボリユーション》の起爆剤となり、アメリカン・ドリームを解体していくのである。

マーティは三十年前のドクを見つけて事情を話す。ドクは歴史に介入するなと警告するがもう遅かった。マーティが父ジョージの代わりに母ロレインに出会ってしまったので、ふたりが結婚して子どもが生まれる未来がなくなってしまったのだ。未来から持ってきた兄弟の写真を見ると、兄の体が消えつつある。

ジョージはSF小説を書くのが趣味で、宇宙や怪獣の世界に逃げ込んで、現実に立ち向かわない。そこでマーティは「ヴァルカン星から来たダース・ベイダー」を名乗って、ロレインをモノにしないと地球を滅ぼすと脅迫する。このとき、マーティは放射能防護服を着ている。これは重要だ。

アメリカの1950年代はSF小説の黄金時代だった。アイザック・アシモフの『われはロボット』（50年）『銀河帝国の興亡』（51年）、ロバート・A・ハインラインの『人形つかい』（51年）『夏への扉』（57年）、A・E・ヴァン・ヴォークトの『宇宙船ビーグル号の冒険』（50年）、P・K・ディックの『宇宙の眼』（57年）などの歴史的傑作がこの時期に生まれた。それは原子力の発明によって、人類の外宇宙への進出が夢ではなくなったことが原因だった。原子力によるバラ色の未来をアメリカ人が夢見ていた時代を「アトミック・エイジ」と呼ぶ。原子核の周囲を電子が回転する原子のシンボルは、当時、明るい未来の象徴として使われていた。

　しかし、その一方で宇宙から異星人が地球を侵略するSF映画が次々と作られた。『遊星よりの物体X』（51年）、『宇宙戦争』（53年）、『宇宙水爆戦』（55年）、『世紀の謎　空飛ぶ円盤地球を襲撃す』（56年）……。それはソ連が核兵器を開発したことで、アメリカが攻撃されるかもしれないという不安を反映していた。その不安は57年にソ連が人類初の人工衛星スプートニクの打ち上げに成功したことでピークに達した。今こそソ連は宇宙から核ミサイルをアメリカに落とすことが可能になったのだ。バラ色のアトミック・エイジは核戦争による人類滅亡の恐怖の時代にとって代わられた。

　異星人から地球を救うため、ジョージはロレインにアタックする。

家父長を蘇らせようとしたレーガン政権

　ところが、ロレインはマーティ以外、眼中にない。もうすぐ11月12日だ。この夜のパーティで、ロレインはジョージとの結婚を決めた。このチャンスを逃すとマーティは消滅してしまう。

「スウィートすぎる話だと言われたね」とゼメキスは言う。「『バック・トゥ～』の企画を僕とボブ・ゲイルはハリウッド中の映画会社に持ち込んだが、全部蹴られた。僕らの映画が一度もヒットしてないせいもあったけど、とにかく話がソフトすぎると言われたんだ。80年代初めにヒットしていたティーンエイジ向け映画は、『アニマル・ハウス』（1978年）や『ポーキーズ』（81年）、『初体験／リッジモント・ハイ』（82年）といった露骨にセックスやドラッグを描いた強烈な映画ばかりだったから。唯一、ディズニーだけには逆にきわどすぎるという理由で断られた。マーティがロレインに迫られる場面が近親相姦《きんしんそうかん》だと言うんだよ（笑）」

母親ロレインがへなちょこな父親ジョージに目もくれず、息子であるマーティとセックスしそうになるエディプス的なハラハラは『バック・トゥ・ザ・フューチャー』のいちばんの笑いどころ。エディプス（オイディプス王）は強い父親を殺し、母と交わった。「父殺し」はすべての英雄伝説の基本だと論じたのは神話学者ジョセフ・キャンベルだったが、アメリカン・ドリームの解体もまた「父殺し」だった。具体的にはアーサー・ミラーの戯曲『セールスマンの死』（49年）である。

主人公のウィリー・ローマンはセールスマンとして全米各地を飛び回って家族を養ってきた立派な家父長、強い父親、アメリカン・ドリームの体現者だと自負していた。しかし六十三歳の今、仕事はなく、フットボール選手として自慢だったふたりの息子は定職につかない。どうして息子たちは自立できなかったのか。ローマンはその原因が自分にあったという事実を知る。自分は強い父親どころか、家族のことなど何も知らない、何も見えてない、弱く、だらしのない男だった……。
『セールスマンの死』の偶像破壊をアメリカはすぐに受け入れなかった。同じ４９年、『パパは何でも知っている』というラジオ・ドラマが始まる。保険会社に勤める父親ジムが、子どもたちを深く理解し、誰よりも頼りにできる存在として描かれる、『セールスマンの死』とまったく逆のコメディだ。これは50年代にテレビ・ドラマになって大ヒット、ジムは「アメリカを代表する偉大な父親像」と呼ばれた。アメリカは幻想を愛し続けた。

だが、50年代に育った子どもたちは60年代に高校を卒業する頃、親たちに反抗し始めた。カウンター・カルチャー《対抗文化》である。髪を切ってネクタイを締めて資本主義の一部として働き、結婚して家庭を築く生き方を「スクウェア《四角四面》」と呼んで拒否し、髪を伸ばし、自由な服装をして、就職もせず、結婚もせず、自由に生きることを「ヒップ《かっこいい》」と考える「ヒッピー」になった。キリスト教を捨て、ヒンズーや禅を試した。ヴェトナム戦争に反対し、黒人や先住民の人権運動に参加した。戦争や差別を支えてきた親たちは悪者になった。「三十歳以上を信じるな」がカウンター・カルチャーのスローガンだった。それは強い父親的アメリカの完全否定。つまり父殺しだった。『セールスマンの死』が『パパは何でも知っている』に逆転したのだ。

60年代から70年代にかけてアメリカの父親の権威は失墜した。マーティの弱い父親ジョージはそれを象徴するようだ。だが、マーティはエディプスとは逆に、父を強い男として再生させて、母親と結ばせる。タイム・トラベルものにつきまとうのが「父殺しのパラドックス」だが、『バック・トゥ・ザ・フューチャー』は「父〝生かし〟」の物語だ。

そしてロナルド・レーガンこそ、80年に復活した強いアメリカの家父長だったのだ。『バック・トゥ・ザ・フューチャー』の前半、初めて55年のダウンタウンにやって来たマーティは映画館の前を通り過ぎる。そこでは85年にはポルノを上映していたが、55年には新作映画、バーバラ・スタンウィック主演の女侠《じょきょう》ウェスタン『バファロウ平原』が封切られている。相手役のロナルド・レーガンは当時売れない俳優だったので添え物扱いである。

レーガンは、マーティとドクとの会話にも出てくる。

「85年の大統領は誰だ?」

「ロナルド・レーガン」

「俳優の? なら副大統領はジェリー・ルイスか」

ジェリー・ルイスは当時、ディーン・マーティンとの漫才コンビで『底抜けやぶれかぶれ』『底抜けふんだりけったり』(ともに53年)などのコメディ映画を量産していた。ルイスの演じるキャラクターは精神年齢に問題があるような「大人子ども」ばかりで、政治家には最も遠いイメージだった。つまりこのセリフでドクはレーガンのような大根役者が大統領なんて信じられない、と言っている。

レーガン大統領はホワイトハウス内の試写室で『バック・トゥ・ザ・フューチャー』を観て、この場面に大喜びして映写技師にもう一度プレイバックさせたという。そして、この映画をひどく気に入ったレーガンは、1986年初頭の一般教書演説で「『バック・トゥ・ザ・フューチャー』にあるように、『我々の行く手には道は必要ない』のです」とエンディングのドクのセリフを引用した。

レーガンの政策は『バック・トゥ・ザ・フューチャー』のストーリーそのものだった。つまり50年代に回帰することで80年代のアメリカを修正しようとした。

カウンター・カルチャーの親への反抗でバラバラになった家族を再生するため、レーガンは「ファミリー・バリュー（家族の価値）」の復活を

『バファロウ平原』のロナルド・レーガン。誰が大統領になろうと想像できたか？
©Everett Collection/amanaimages

掲げた。人工中絶を再び違法化し、ドラッグとの戦争を宣言し、キリスト教的モラルに立ち戻ろうと訴えた。

『バック・トゥ・ザ・フューチャー』のラストで、マーティは無事に85年に帰る。しかし、元いた85年とは微妙に違っていた。まずポルノ映画館はキリスト教教会になっている。父はダース・ベイダーに遭遇した体験を基にSF小説を書き、作家として成功している。兄は背広を着たホワイトカラーに、姉にも恋人がいて、酒太りだった母も健康そうで、あんなに暗かったマクフライ家は絵に描いたように幸福なアメリカン・ファミリーになっている。まるで50年代のホーム・ドラマのようなー

なぜ、マイケル・J・フォックスでなければならなかったのか

監督のロバート・ゼメキスも最初からそれを意識していたらしい。というのも、彼はマーティにマイケル・J・フォックスをキャストすることに徹底的にこだわったからだ。マイケルは当時、テレビ・コメディ『ファミリー・タイズ』(Family Ties＝家族の絆《きずな》、1982年〜89年)で人気スターになっていた。ゼメキスの出演依頼を受けても、番組の収録があるのでマイケルは断った。そこでユニヴァーサル映画はエリック・シュトルツを代役に撮影を開始させたが、ゼメキスは「やはりマイケルでないとダメだ」と撮

影を中断。シュトルツで撮影したフィルムを破棄し、マイケルに再交渉した。ついにマイケルは折れて、『ファミリー・タイズ』収録の前後、つまり真夜中と早朝だけ『バック・トゥ～』のセットに通うという強行軍で撮影に参加したのだ。

なぜそこまでしてマイケルでなければいけなかったのか？『ファミリー・タイズ』は、古臭い親と進歩的な子どもという従来の親子関係をひっくり返したホームドラマだった。マイケルの両親は60～70年代のカウンター・カルチャーの中で青春を送った元ヒッピー。しかし、リベラルで夢見がちの両親を見て育った息子のマイケルは反動でゴリゴリの新保守主義者になってしまった。このドラマでのマイケルは80年代の新保守主義、レーガン大統領を支持した層を代表している。

レーガンはカウンター・カルチャーの平

ゼメキス監督がマイケル・J・フォックスの起用にこだわったのには理由があった

等主義を否定し、競争社会を強調することがアメリカ経済再生の道だと主張した。「どんな社会にも一定の割合で貧困層はいる。敗者の救済は経済の負担になっている。切り捨てるべきだ」という社会的ダーウィニズムである（第11章参照）。そして、金持ちに対する大幅減税で経済を活性化させ、貧困層への福祉を削減して政府の赤字を減らそうとした。いわゆるレーガノミクスである。

レーガノミクスは貧富の差を押し広げただけでは済まなかった。企業は競争のために人件費の安い外国に工場を移し、国内の工場は閉鎖、アメリカには経営のヘッドだけが残ることになった。手足はアジアや中南米で、頭はアメリカというグローバリゼーションの始まりである。このことでアメリカは、生産ではなく投資・金融が中心の社会に移行し、コンピュータと電話で株や土地を動かすホワイトカラーが際限なく豊かになり、汗水たらして働いて豊かなアメリカを築いたブルーカラーは失業し、住む場所を失って街にあふれた。レーガン政権下でホームレスの数は史上最高に達した。

『バック・トゥ・ザ・フューチャー』でのイジメっ子のビフは、マーティに修正された85年では自動車のディテール師（車の細部をきれいに清掃したり、ワックスを掛けるなどのサービスをする人）になり、ワックスにまみれて働く競争社会の惨めな敗者として軽蔑的に描かれている。この映画を観たブルーカラーはけっしてハッピーな気分ではなかったろう。

盗まれたロックンロール

「『バック・トゥ・ザ・フューチャー』は差別的な映画だと批判された」ロバート・ゼメキスはＤＶＤの副音声で言う。それはおそらく日本の観客は気づいていないだろう。

若き父ジョージはついに勇気をふるい、ロレインを襲うビフを殴り倒した。あとはダンスパーティでふたりをキスさせるだけだ。ところがバンドのギタリストが手を怪我してしまった。演奏がなければジョージとロレインのキスもなく、マーティも生まれなくなる。慌てたマーティは代わりにギターを摑んでバンドを

ゼメキスはロックンロールの歴史さえも改変した!!

助ける。

マーティは、チャック・ベリーの「ジョニー・B・グッド」を弾き始める。それを聴いたバンドのギタリストは従兄弟《いとこ》に慌てて電話する。

「チャック！　あんたの探してたサウンドを見つけたぞ！」

１９５５年はロックンロールが生まれた年でもある。この年、ビル・ヘイリー＆ヒズ・コメッツの「ロック・アラウンド・ザ・クロック」、リトル・リチャードの「トゥッティ・フルティ」、そしてチャック・ベリーの「メイベリーン」が続けざまに大ヒットし、さらに翌年のエルヴィス・プレスリーの「ハウンド・ドッグ」でロックンロールは爆発的に全米を席捲《せっけん》する。

プレスリーとビル・ヘイリーは白人だが、ロックンロールは黒人音楽から生まれた。しかし『バック・トゥ・ザ・フューチャー』では白人のマーティが黒人のチャック・ベリーにロックンロールを教えたことになっている。実際は彼がダンスパーティでギターを弾く三カ月前にチャック・ベリーは「メイベリーン」をチャート入りさせているのだが。

「これは白人による、黒人の功績の横取りだと叩かれた」ゼメキスは不満そうだ。「ただのジョークなのに」

たしかにジョークには違いない。しかし、『バック・トゥ・ザ・フューチャー』における黒人の描き方を見ると、軽いジョークとは言い切れなくなる。

50年代は黒人にとって暗黒

冒頭、85年のダウンタウンを行くマーティの横を市長の再選を求める宣伝カーが通り過ぎる。市長ゴールディは黒人だ。タイムスリップした三十年前のダウンタウンでも市長選の宣伝が行なわれているが、候補は白人である。

パーラーでビフにイジメられたジョージに、床を掃除している黒人の青年が何でやり返さないんだと言う。彼こそ、将来の市長ゴールディだ。マーティは彼に「あんたは将来、市長になれるよ」と言う。ゴールディは「市長？　そりゃいいアイデアだ」とすっかりその気になるが、店長から「カラード（有色人種）の市長だなんて寝言はそのへんにして働け」と怒鳴られる。

店長の言うとおりだった。当時のアメリカでは、黒人が市長に当選できる可能性はほとんどなかった。南部各州は人頭税や読み書きテストで黒人の選挙人登録を規制したし、もしそれにパスしても投票に行けばＫＫＫにリンチされた。北部では黒人の人口は少なく、選挙人登録も稀《まれ》だった。

しかし、60年代に入ってマーティン・ルーサー・キングJr.牧師が先頭に立って黒人公民権運動が始まった。彼らのデモに南部政府は警察を使って激しい弾圧を加えたが、キング牧師は非暴力、無抵抗を貫いて戦い抜き、64年にはジョンソン大統領が公民権法を成立させた。黒人たちはまず地方自治体選挙への進出を目標に立て、選挙人登録を増やす運動が進んだ。南部では相変わらず黒人の投票への妨害は続いたが、それでも黒人の投票率は急激に伸び、60年代終わりから全米で黒人市長が増えていった。70年代終わりには南部の都市でも黒人市長が誕生し、『バック・トゥ～』の作られた80年代半ばには、市長といえば黒人というほどの率に達した。

つまり、60～70年代は黒人にとって南北戦争と並ぶ解放と地位向上の時代だったのだが、『バック・トゥ～』では、マクフライ家が没落した時代として否定的に扱われている。逆に言えば、マクフライ家が、レーガン大統領とその支持者が「あの頃はよかった」と言う50年代は黒人にとって暗黒の時代だった。けっして帰りたいなどとは願わないだろう。

『猿の惑星』との類似

『バック・トゥ・ザ・フューチャー』は史上空前の大ヒットを記録し、すぐに続編が作られた。ロバート・ゼメキスは予算節約のため、三十年後の2015年を舞台にした

『PART2』（1989年）と、百年前の1885年を舞台にした『PART3』（90年）をいっきに連続で撮影し、半年おいて公開し、『バック・トゥ・ザ・フューチャー』は三部作になった。

『バック・トゥ・ザ・フューチャー』三部作は『猿の惑星』（68年）から始まるシリーズとよく似ている。どちらもタイム・スリップと歴史の書き換えを使った円環構造のシリーズだが、それ以上に共通しているのは、白人の没落を裏テーマにしている点である。

『猿の惑星』の宇宙飛行士テイラー（チャールトン・ヘストン）は恒星間旅行から帰還するが、地球でははるかな年月が経っており、人類は言葉もしゃべれないほど退化し、文明化した類人猿によって家畜化されていた……。家畜化された人類はなぜか白人ばかりで、暴政をふるうゴリラは黒人

『猿の惑星』には白人の黒人に対する恐怖が刻印されているのだ
©ZUMA Press/amanaimages

のように見える。そのため『猿の惑星』は、公民権運動によって黒人が選挙権を得たことへの白人側の恐怖や不安が反映されていると論じられた。

その観方が正しいことは、四作目『猿の惑星・征服』(72年)で証明された。奴隷として人間に虐待された類人猿たちが反乱を起こして政権を奪うまでが描かれるのだから。全米各地の黒人たちが警官の横暴に対して暴動を起こしているまさにそのときに！

黒人だけではなく、『猿の惑星』の類人猿は白人以外のマイノリティになっている。チンパンジーはユダヤ系、オランウータンはアジア系のカリカチュアで、彼らにアメリカが乗っ取られる。『バック・トゥ・ザ・フューチャー』シリーズでアメリカを乗っ取るのは、日本だ。

メイド・イン・ジャパン

『バック・トゥ・ザ・フューチャー』は、トヨタの新型4WDトラックのラジオCMで始まる。トヨタの4WDはマーティの憧れ、だが手の届かない高嶺《たかね》の花だ。

マーティの身のまわりもメイド・イン・ジャパンで埋め尽くされている。デジタル時計はパナソニック、カムコーダはJVC、ウォークマンはアイワだ。

敗戦から二十年ほどの間、「メイド・イン・ジャパン」は「安かろう悪かろう」製品の代名詞だった。『バック・トゥ・ザ・フューチャーＰＡＲＴ３』には、タイムマシンのチップを見た５５年のドクが「メイド・イン・ジャパンだからダメだ」と言うシーンがある。

ところが60年代半ば、敗戦から完全に立ち直った日本の製品は、安さはそのままで品質は世界一に進化した。７９年にはＥ・ヴォーゲルの『ジャパン・アズ・ナンバーワン』がベストセラーになり、８０年には日本の自動車生産台数は世界一に達し、ソニーやトヨタはアメリカの若者憧れのブランドになった。

『バック・トゥ～』のエンディング、修正された８５年の世界でマーティは豊かな両親からトヨタのトラックをプレゼントされる。

大喜びのマーティの前に、未来に行ったはずのドクが現われる。彼のシャツには漢字がビッシリとプリントされている。未来のアメリカはもっとアジア的な文化が浸透しているのか。

「君の息子が大変なんだ！　すぐに来い！」と叫ぶドクにマーティが２０１５年に連れて行かれたところで『ＰＡＲＴ２』は始まる。

そこで、四十七歳のマーティは富士通に勤めている。社長のフジツーさんにペコペコした挙句クビにされてしまうマーティの姿はなんとも哀れだ。

「僕らはホンダと同じでフジツーも社長の名前だとカン違いしたのさ」とボブ・ゲイル

は笑う。「あの頃は本当に日本企業がアメリカを乗っ取ってしまうと信じてたよ」

無理もない。なにしろ『バック・トゥ・ザ・フューチャー』の配給元ユニヴァーサル映画自体が日本の松下に買収されたのだから（９０年）。

宿敵ビフはマーティのタイムマシンを使って５５年に戻り、スポーツ年鑑を高校時代の自分に渡す。それを使ってビフは次々とスポーツの結果を予想して億万長者になる（実際はビフの予想がその後の試合結果に影響を及ぼすので当たらなくなるだろう）。ビフに変えられた８５年に戻ったマーティは自分の家に黒人一家が住んでいるので驚く。ビフが支配するヒルヴァレーは荒廃し、中産階級の白人家庭ばかりだったマーティの町は黒人ばかりが住む危険なスラムと化していた。「バック・トゥ・ザ・フューチャー」シリーズは一貫して、黒人や日本人を白人文化の破壊者として描いている。黒人市長ゴールディも、ヒルヴァレーの歴史を象徴する時計台を取り壊そうとする「伝統破壊者」である。

バック・トゥ・フロンティア

アメリカの凋落《ちょうらく》は、もはや50年代の保守主義をもってしても救いようがない、ということなのか、『ＰＡＲＴ３』でマーティはアメリカのエトスの源、開拓時代の西部に飛ぶ。1985年から百年前、1885年のヒルヴァレーに。

レーガン政権も、50年代とともに西部開拓時代のアメリカを理想として掲げていた。レーガンは元西部劇俳優であり、軍事力でソ連と激しく対抗する「カウボーイ外交」で知られていた。実際、ロバート・ゼメキスらは『PART3』の開拓時代のヒルヴァレー市長役にレーガンの出演を真剣に検討していたのだ！

百年前にタイム・スリップしたマーティは騎兵隊に追われる「平原インディアン」と遭遇する。半裸にウォーボンネット（羽根飾りの帽子）で奇声を発しながら馬を駆る野蛮人。ジョン・フォードの『駅馬車』（39年）に出てきたような古臭い先住民像だ。ゼメキスは、このシーンを、ジョン・フォード映画のロケ地として有名なモニュメント・ヴァレーで撮影している。ヒルヴァレーのあるカリフォルニアからは遠く離れたアリゾナの砂漠だ。

ヒルヴァレーの町の外では中国人の鉄道労働者たちが生活している。差別されていて町の中には入れないのだ。事実に忠実な描写だが、『PART2』で未来のマーティが日本人にへつらう姿を見た白人観客には、アジア人が大人しかった古き良き時代に見えるだろう。さらにこの映画のどこにも黒人の姿は見えない。実際の西部には南北戦争が終わって解放された黒人たちが多く移り住んでいたのだが。

マーティは宿敵ビフ（正確にはビフの祖先）と決闘する羽目になる。マーティは『荒野の用心棒』（64年）のクリント・イーストウッドのごとく胸に仕込んだ鉄板でビフの弾を跳ね返し、銃を撃つことなく勝利を収める。『PART3』が公開された90年に日本ではバブルが崩壊、翌91年にはソ連が消滅した。結局、アメリカは経済と軍事のライバルたちに、一発の銃弾を撃つこともなく勝利した。かくして90年代、アメリカは軍事的にも経済的にも世界一の超大国として君臨することになる。

こうして『バック・トゥ・ザ・フューチャー』のような娯楽映画に政治性を見出すのは不快に感じる人も多いだろう。筆者もできればこんな観方はしたくない。しかし、ロバート・ゼメキスが政治的なのだからしょうがない。彼は『バック・トゥ・ザ・フューチャー』でスキップした60〜70年代を『フォレスト・ガンプ／一期一会』で真正面から描いたが、特定の政治的イデオロギーによる歴史の歪曲と捏造としか言いようのないものだった。

原作さえも改変した『フォレスト・ガンプ』

知能指数が75しかない青年フォレスト・ガンプ（トム・ハンクス）が、ケネディやニクソン大統領、ジョン・レノンなどの歴史的人物と次々に出会い、歴史的事件の現場に居合わせることで、アメリカがヴェトナム戦争に揺れた60〜70年代を描いた『フォレスト・ガンプ』は、世界中で愛と感動の名作として大ヒットした。「人生はチョコレートボックス」というセリフは流行語にもなった。ガンプの人生に学ぼうと『ガンピズム──フォレスト・ガンプの生きる知恵』なる本まで出版されたほどだ。また、デジタル技術による合成でケネディ大統領などの当時の記録フィルムとトム・ハンクスを共演させた技術も高く評価され、９４年度のアカデミー賞では作品賞をはじめ六部門を独占した。映画を観て感動した人々はさらなる感動を求め、ウィンストン・グルームの原作小説はベストセラーになった。

ところが原作を読んだ人は戸惑った。「涙と感動」の物語というよりは、バカバカしいホラの連続で笑わせる本だったからだ。ガンプはプロレスラーになったり、ピンポン選手として中国に行って溺《おぼ》れかけた毛沢東主席を救ったり、『レインマン』（８８年）並みの演算能力を買われてコンピュータのバックアップとして宇宙ロケットに乗せられるが、アフリカに不時着して原住民から神だと思われたり、あり得ないドタバタの連続だ。

映画化に際してエリック・ロスの脚色は原作の「あり得ない」要素をバッサリ切り捨て、「ありそうな」要素だけを残し、笑わせるより泣かせる方向でまとめた。原作どおりのコメディではアカデミー賞は無理だっただろう。

『カンディード』の現代版

『フォレスト・ガンプ』の原点は、1759年にフランスで書かれた『カンディード、あるいは楽天主義説』にまで遡《さかのぼ》れる。フランス革命の思想的なバックボーンになった百科全書派の思想家ヴォルテールが書いた小説で、カンディード（無邪気）という名の青年の世界的な冒険を描く。世間知らずのカンディードは、当時の思想家ライプニッツの「この世界のすべては相互作用によって最善になる」という説を信じる楽天主義者だが、国外に追放され、ブルガリアで地獄の戦場を、リスボンで大震災と異端審問を、大西洋を渡った南米で黒人奴隷の虐待を体験する。この世界の理不尽さを思い知ったカンディードはこう結論する。

「楽天主義とは、どんな悲惨な目にあおうとも、この世のすべては善であると、気が狂《ふ》れたように言い張ることなのだ！」

『カンディード』は1975年に『世界残酷物語』（62年）のグアルティエロ・ヤコペッティ監督によって『ヤコペッティの大残酷』として映画化された。ここでカンディードは時代を超えて現代のニューヨーク、イスラエルとアラブの戦場、北アイルランドの内戦を体験する。これはつまり『世界残酷物語』のコメディ版だ。『カンディード』

は架空の世間知らずの主人公の眼を通して世界の地獄めぐりをする、というフォーマットを確立した。

『カンディード』の西部劇版といえるのが、アーサー・ペン監督、トーマス・バーガー原作の映画『小さな巨人』（７０年）だ。

舞台は現代（１９７０年）、百二十一歳の老人ジャック・クラブ（ダスティン・ホフマン）が西部史研究家に自分の生涯を語っていく。ジャックは西部開拓者の子どもだったが、先住民シャイアン族に拾われて育てられ、「小さな巨人」と名付けられる。ジャックは白人に戻り、キリスト教の伝道師、行商人、ガンマンなどを経験した後、再びシャイアン族に戻り、家族を持って幸福に暮らす。ところが第七騎兵隊のカスター将軍に村を襲われ、妻子を虐殺され、復讐を誓う。

『小さな巨人』は、西部開拓史の神話の嘘を暴いていく。それまで血に飢えた野蛮人とされていた先住民は知的で朗らかな人々で、英雄、名将といわれたカスター将軍は傲岸《ごうがん》不遜《ふそん》で人の意見を聞かないナルシストだった。そしてアメリカが賛美してきた西部開拓とは先住民からの土地強奪以外の何物でもなかった。『小さな巨人』は「既成の価値観を疑う」という60年代のカウンター・カルチャーから生まれたリヴィジョニスト・ウェスタン（歴史修正主義西部劇）だ。

『小さな巨人』では、銃だけが支配する無法の西部を、けっして武器を持たないひ弱で小柄な主人公がサヴァイヴァルする。ウディ・アレンの『カメレオンマン』（83年）も、1920年代から40年代にかけての過酷な歴史を生き延びた小さく弱い男ゼリグについてのニセドキュメンタリーだ。ゼリグ（ウディ・アレン）は、カメレオンのように周囲の人間に溶け込む能力を持っていた。ゼリグは作家スコット・フィッツジェラルドのパーティからナチスの突撃隊まで、当時のさまざまな記録フィルムの群衆に混じっている。『カメレオンマン』では昔ながらの光学合成で古いフィルムにウディ・アレンの姿を焼き込んでいるが、これをデジタル技術で行なったのが『フォレスト・ガンプ』だ。『カメレオンマン』の能力は、少数民族として常に迫害されてきたユダヤ人の、多数派に順応したい願望のメタファーになっている。これらの『カンディード』から派生した物語はどれも現実の事件や歴史に対する作者の評価を語ることになるので、政治的にならざるを得ない。では、『フォレスト・ガンプ』が語る歴史とはどんなものなのか。

消されたキング牧師

1944年、フォレスト・ガンプは南部アラバマ州に生まれ、50年代、60年代をそこで過ごす。50年代、60年代のアラバマと聞いて誰もが真っ先に思い浮かべるのは人種隔離政策と公民権運動だ。

５５年、アラバマ州都モンゴメリーのバスで、仕事帰りで疲れた黒人女性ローザ・パークスが白人優先席に座りつづけた罪で逮捕された。奴隷解放から百年近く経っても、南部各州の交通機関やレストラン、公衆トイレは黒人用と白人用に法律で分けられていた。パークスの小さな反逆をきっかけに、ＮＡＡＣＰ（全米黒人地位向上協会）やマーティン・ルーサー・キングJr.牧師が黒人たちにバスのボイコットを呼びかけた。黒人たちはパークスに共闘して通勤の長い道のりを何日も歩き続け、ニュースはそれを全米に報じた。バス会社の売り上げは激減し、最高裁は人種別座席を違憲と判断した。この勝利から、人種隔離への反対運動が広がっていく。

ところが、このバス・ボイコットは『フォレスト・ガンプ』に登場しない。

さらに翌５６年、アラバマ大学に初めての黒人学生オーザリン・ルーシーが入学したが、それに反対する白人たちが彼女に投石したり、学長邸にデモをかけて妨害し、三日後に彼女は登校をあきらめた。『フォレスト・ガンプ』では、このルーシーのフィルムに彼女の落としたノートを拾ってあげるトム・ハンクスの姿が合成される。

しかし、『フォレスト・ガンプ』でアラバマの人種問題に関する描写は、これだけ。60年代にアラバマを揺るがせたキング牧師の公民権闘争が、この『フォレスト・ガンプ』のアラバマにはまるで存在しないのだ。

６５年、アラバマ州セルマでキング牧師は黒人の選挙権を求めて、有権者登録を運動化し始めた。地元警察はそれを暴力で妨害し、アラバマ州知事ジョージ・ウォレスは「人種隔離は永遠に続ける」と宣言し、キング牧師の運動を力で潰そうとした。警官が無抵抗の黒人青年を射殺する事態も起こった。

3月7日、キング牧師はセルマから州知事のいるモンゴメリー市に向かって抗議の行進を計画。約六百人の黒人たちがエドモンド・ピータス橋を渡ろうとしたところ、それを阻止せんと、武装警官たちが襲いかかった。無抵抗の黒人たちは騎馬警官に馬上から警棒で殴られ、犬をけしかけられ、木の皮を剝《は》がすほど水圧の高い放水を浴びせられた。その模様は、テレビ局のカメラで、全米ばかりか世界中で放送され、アラバマ州に対し国際的な批難が殺到、それが人種隔離政策撤廃への大きな助けになった。

映画『グローリー／明日への行進』（2014年）でも描かれたこの戦いは、60年代のアラバマで起こった最も大きな事件であり、当然、『フォレスト・ガンプ』でも描かれる予定で、デモ行進中に警官に襲われたキング牧師をガンプが助ける場面が撮影されていたのだが、完成版からは削除された（DVDに収録）。

キング牧師だけでなく、黒人への凄まじい弾圧は『フォレスト・ガンプ』のアラバマには存在しない。第二次大戦中の広島を舞台にしたドラマに原爆投下が出てこないようなものだ。

キング牧師を削除した理由をゼメキス監督は「映画全体のトーンと合わないから」と

説明している。では、黒人差別の描写が合わない「全体のトーン」とはいったいどんなものなのか？

平和売女《ばいた》のニガー・ラバー

『フォレスト・ガンプ』はガンプと幼馴染みのジェニー（ロビン・ライト・ペン）の三十年にわたる愛の物語でもある。

「ふたりはアメリカのふたつの面を象徴している」DVDの副音声解説でロバート・ゼメキスは言う。「ガンプは古き良きアメリカ。ママと神様とアップルパイを愛する心。ジェニーは変革を求めるアメリカ。セックス、ドラッグ、ロックンロールだ」

ジェニーは60年代にアメリカを席捲したカウンター・カルチャー、ヒッピーや学生運動に身を投じていく。ゼメキスが『バック・ト

ガンプの恋人ジェニーはアメリカ若者文化の「負のシンボル」だ

ゥ～』三部作で飛ばした時代である。ところがジェニーは、ガンプの無垢さに対して、徹底した堕落の象徴として描かれる。

たとえばジェニーが車の中で男に迫られ、それを目撃したガンプが男を叩き出すのだが、この場面のＢＧＭにゼメキスは当時ヒットしていた「ハンキー・パンキー」という歌を流す。「彼女は尻軽」という歌詞である。

ジェニーはヴェトナム反戦運動に参加するとともに、フリー・ラブの権化のように次々と男と関係を結んでいく。反戦運動に参加する女性をアメリカの保守的な勢力は「平和売女《ばいた》 Peace Whore」などと呼んで蔑んだが、『フォレスト・ガンプ』はジェニーをひたすら「売女」扱いする。

反戦意識に目覚めたジェニーは、ボブ・ディラン作曲のプロテスト・ソング「風に吹かれて」を歌う。なぜか、全裸で、ストリップ小屋で。

原作にないこのシーンについてゼメキスは「ジョーン・バエズのイメージだね」と言う。先住民の血を引く女性フォーク歌手ジョーン・バエズはボブ・ディランなどとともに歌でヴェトナム戦争に反対し、その後も現在まで一貫して戦争や差別との戦いに身を捧げてきた市民運動家だが、その彼女をゼメキスはストリッパー扱いしているのだ。

また、ジェニーは黒人民族主義団体ブラック・パンサーのリーダーと恋に落ち、彼から下僕のように扱われる。ジェニーは、黒人に同情的な白人を侮蔑する言葉「ニガー・

ラバー」を体現させられているのだ。

反戦運動家は人間のクズ

ガンプとジェニーについてゼメキスはこうも言っている。「ふたりは、当時、ふたつに引き裂かれたアメリカも象徴している。ヴェトナム戦争に参加した人々と、反対した人々だ」

貧しく、大学に行けなかった若者たちは政府に言われるまま徴兵され、ガンプもヴェトナムの戦場に行った。その一方、ジェニーのように、大学に行けた若者たちは反戦運動に参加した。

ヴェトナム戦争は、アメリカ政府のデッチ上げによって始まり、六万人近いアメリカ兵と二百万人近いヴェトナム人の命を犠牲にした挙句、アメリカの敗北に終わった。戦争を始めた国防長官だったロバート・マクナマラ自身も後に認めているように、まったく無益で無意味で間違った戦争だった。

だが、当時、一般の大人たちは皆、反戦運動に参加した若者たちを「アカ」「売国奴」「与太者」と考えた。『フォレスト・ガンプ』も、反戦運動をまったくそのように扱っている。

ヴェトナム戦争から帰還したガンプは首都ワシントンで、偶然、反戦集会に引っ張り出され、ヒッピーになったジェニーと再会する。ジェニーはUCLAの反戦学生委員会のリーダーと同棲《どうせい》している。この委員長は平和を訴えながらジェニーに暴力をふるう。たしかに女性を殴る反戦運動家もいたには違いない。でも、どんな運動家でもそうだが、殴らない男のほうが多いだろう。それをわざわざ暴力男として描写するのは、観客に反戦運動を憎ませようとする意図以外に考えられない。

反戦集会のシーンには反戦運動のリーダーだったアビー・ホフマンも登場するが、汚い言葉を連発する下劣な男として描かれる。また、この集会でガンプはスピーチするが、マイクの電源が入っていなくて聴こえない。シナリオではこう言っている。「ヴェトナムに行った人には、両脚を失くした人もいます。故郷に帰れなかった人もいます。悲しいことです。僕に言えるのはそれだけです」

このセリフの音声をカットすることで、『フォレスト・ガンプ』の反戦側には良い人間がひとりもいなくなってしまう。

スイート・ホーム・アラバマ

『フォレスト・ガンプ』のカウンター・カルチャー・シーンには、ドアーズやバーズ、ジェファーソン・エアプレインなどのロックの名曲が流れるが、先述のように悪意に満ちた描写ゆえに、どの曲も邪悪で退廃的な音楽に聞こえてしまう。まるで世界最初のロックンロール映画『暴力教室』（１９５５年）で流れた「ロック・アラウンド・ザ・ロック」が不良行為の象徴だったように。

ゼメキスはザ・ビートルズ旋風を描いた映画『抱きしめたい』（７８年）も監督しているのだが、『バック・トゥ～』のチャック・ベリーといい、『フォレスト・ガンプ』のボブ・ディランやバエズといい、ロックの偉人への敬意が感じられない。

ピンポン選手として中国に行ったガンプはテレビのトークショーに出演する。もうひとりのゲストはジョン・レノンだ。ガンプが「中国では誰も物を持たないんです」と言うと、ヒッピー風のミリタリー・ルックを着たレノンは驚いたように聞く。「何も所有しないの？」「それだけじゃなく、教会にも行かないんです」「宗教もないの？」

このやりとりはレノンの名曲「イマジン」の歌詞の引用で、レノンは中国の共産主義に夢を抱く、いわゆる「お花畑左翼」のように見える。だが、レノンはこんなナイーヴなことを言っていないし、言うはずもない。実際は、彼はすでに「レボリューション」という歌で「毛沢東の写真を掲げて革命を唱えても自分の心を変えなきゃ意味がない」と歌って共産主義の幻想に別れを告げているのだから。

『フォレスト・ガンプ』で珍しく好意的に使われているロック・ミュージックはレイナ

ード・スキナードだけだ。故郷アラバマに帰るガンプの喜びを表現してレイナード・スキナードの「スイート・ホーム・アラバマ」が陽気に流れる。しかし、これは単にアラバマへの郷愁を歌った歌ではない。

アラバマについて
ヤングさんが歌うのを聞いた
ニール親父はアラバマを愚弄した
覚えてろよ、ニール・ヤング
南部人《サザン・マン》はお前に用はない

これは、ニール・ヤングが70年に発表した「サザン・マン」(『アフター・ザ・ゴールドラッシュ』所収)と72年の「アラバマ」(『ハーヴェスト』所収)への返歌だ。アラバマでの人種隔離政策と、キング牧師への弾圧、KKKによるリンチに憤ったヤングは「サザン・マン」でこう歌った。

南部も必ず変わる
KKKの十字架もじきに燃え尽きる

白い綿を摘む黒い手
白人の豪邸と黒人のあばら家
南部人《サザン・マン》よ
いつか悪の報いを受けるぞ

レイナード・スキナードは、南部連合の旗をシンボルにするバンド。リーダーのロニー・ヴァン・サントは「スイート・ホーム・アラバマ」について「ジョークだよ。おれたちはニール・ヤングのファンだし」と言っているが、後半の歌詞ははっきりと政治的だ。

バーミングハムで
州知事は愛されている
ウォーターゲートなんか気にしない

バーミングハムはアラバマ州最大の都市、キング牧師に「人種差別において全米最悪」と呼ばれた街で、６３年にＫＫＫに黒人教会が爆破されて少女四人が殺された。「州知事」とは、黒人運動を暴力で弾圧したウォレス州知事。ウォーターゲートはもちろん72年にニクソン大統領がウォーターゲート・ビルにある民主党本部を盗聴した事件で、これでニクソンは辞任し、ヴェトナム戦争から続いた政府に対する国民の不信感は頂点に達した。

アラバマの英雄キング牧師を歴史から抹消したゼメキスは、キングを弾圧した知事とニクソンを支持する歌を、ガンプの故郷のテーマソングとして使っているのだ。

マジカル・ニグロ

では、対する「ヴェトナム戦争に参加した人々」はどのように描かれているか。

新兵訓練でシゴかれたガンプは「軍隊では何も考えず命令に従うだけだから楽だった」と言う。このセリフは興味深い。何も考えず政府に従うことを、この映画は暗に奨励しているわけだ。

軍隊でガンプはバッバという黒人の青年と親友になる。被弾したバッバを背負ってナパーム爆撃から救おうとする。そしてバッバの遺志を継いで彼の名をつけた漁船を買ってエビ漁を始める。だから『フォレスト・ガンプ』は黒人差別的ではない、と擁護する人もいる。だが、バッバこそ典型的な「マジカル・ニグロ」である。

マジカル・ニグロとは2001年に黒人監督スパイク・リーが言い出した言葉で、ハリウッド映画において、白人の都合のいいように作られた黒人キャラクターをいう。白人の主人公は劇中のひとりの黒人と仲良くすることで、人種にこだわらない善人に見える。その黒人は主人公の窮地を救い、多くの場合、死んでいく。

スパイク・リーは『バガー・ヴァンスの伝説』（００年）を例に挙げる。１９３０年代、第一次大戦のＰＴＳＤで挫折した白人天才ゴルファー（マット・デイモン）が黒人キャディ、バガー・ヴァンス（ウィル・スミス）のコーチで再起する。ヴァンスがなぜ主人公と友情を結び、彼のために尽くすのかといえば、そのためだけに作られたキャラクターだからだ。つまりマジカル・ニグロとはストーリーテリングのための奴隷である。

バッバは貧しく、従順に従軍し、白人にフレンドリーな「良い黒人」だ。その正反対の黒人も『フォレスト・ガンプ』には登場する。白人との武装闘争も辞さない黒人民族主義団体ブラック・パンサーの運動家だ。彼は目をギラつかせ、白人への憎しみを語り、恋人である白人女性ジェニーを下僕のように扱う「悪い黒人」だ。この映画にはキング牧師のように平和的に差別や戦争に反対する「良い反体制黒人」は登場しない。

エイズという天罰

ガンプの戦友ダン中尉は代々、戦場で死んできた愛国者の家系で、彼もヴェトナムで両脚を失い自暴自棄になる。しかし、ガンプとともにエビ漁業を始めて大成功し、幸せを掴む。

ダン中尉を演じるゲイリー・シニーズはハリウッドでは少数派の共和党支持者のグループ「フレンズ・オブ・エイブ（アブラハム・リンカーンの友達）」の主催者で、1997年には、ジョージ・ウォレス知事を英雄として描いたTV映画『ジョージ・ウォレス　アラバマの反逆者』に主演している。

ヴェトナムに行ったガンプとダン中尉は幸福になる。実際は五万人以上の若者が命を落とし、手足を失い、PTSDを病んで、その後も苦しんだ。『フォレスト・ガンプ』はヴェトナム戦争の悪い面をバッバの死以外に提示しない。農村への空爆やヴェトナム人への暴行虐殺は描かれない。それどころか結局、アメリカがヴェトナム戦争に敗北した事実さえも描かれない！

だから反戦運動をはじめとするカウンター・カルチャーは無意味な反抗にしか見えなくなる。

カウンター・カルチャーを生きたジェニーは、80年代に入ると不治の病に倒れてしまう。病名は明らかにされないが、おそらくエイズだ。エイズが発見されたとき、キリスト教福音派の指導者ジェリー・ファルウェル牧師は「エイズは同性愛者や性的に放埒《ほうらつ》な者に神が下した天罰だ」と言ったが、彼らの主張どおりにジェニーは罰を受けたのだ。

ファルウェル師は選挙において保守的なキリスト教徒の票集めをする団体「モラル・マジョリティ」のリーダーで、具体的には人工中絶を法律で禁止するのが目標だ。60年代のカウンター・カルチャーの中で、黒人だけでなく、先住民やゲイなど他のマイノリティたちも共闘していったが、女性たちも、法律で禁止されている人工中絶の権利を求めて戦った。そして73年についに人工中絶を合憲とする最高裁判決を勝ち取った。これに怒った保守的なキリスト教徒たちが、再び中絶を違法化すべく、最高裁判事を任命できる大統領選挙に動員をかけ始めた。そして保守的な判事を選ぶと公約してファルウェル師らの支援を受けて80年に大統領に当選したのがロナルド・レーガンだったのだ。

エイズは82年頃から流行したが、レーガン政権は89年の任期終了までエイズ対策を一切何もせず、ワクチンの認可もしなかった

フォレスト・ガンプは愚かであるがゆえに「正しい」とされる

ため、いたずらに死者を増やした。それはファルウェル師の「エイズは天罰」という教えに従ったからだと言われている。

ガンプはジェニーの死を看取り、彼女との間に生まれた自分の息子をひとりで育てていく。ジェニーの死は、60〜70年代のカウンター・カルチャー的な反抗が結局すべて敗北し、滅び去ったことを象徴している。ゼメキスはDVDの副音声で「ジェニーの人生はアメリカが犯した過ちを象徴している」と言う。つまり彼は、ヴェトナム戦争ではなく反戦運動を、公民権運動を過ちだと断言しているのだ。

聖痴愚《せいちぐ》ガンプ

『フォレスト・ガンプ』は現代アメリカ版の『イワンの馬鹿』(1886年)だ。トルストイがまとめたロシア民話『イワンの馬鹿』の主人公イワンは人を疑うことを知らず、気前が良く、働き者で、悪魔は何度も彼をたぶらかそうとするが、常に失敗し、イワンは幸福になる。

「イワンの馬鹿」は典型的なホーリー・フール(聖痴愚)だ。キリスト教においては小賢《こざか》しい知恵のない者ほど純粋ゆえに神に近いとされる。逆に「知恵は人を傲慢にする」(「コリント人への第一の手紙」八章一節)などと批判される。他にも「コリント人への第一の手紙」は以下のように知恵を批判する。

「わたし（神）は知者の知恵を滅ぼし、賢い者の賢さをむなしいものにする」（一章十九節）

「神は、知者をはずかしめるために、この世の愚かな者を選び、強い者をはずかしめるために、この世の弱い者を選び、有力な者を無力な者にするために、この世で身分の低い者や軽んじられている者、すなわち、無きに等しい者を、あえて選ばれたのである」（一章二十七〜二十八節）

「あなたがたのうちに、自分がこの世の知者だと思う人がいるなら、その人は知者になるために愚かになるがよい」（三章十八節）

ロシアでは、この言葉に従い、あえて知能に障害があるようにふるまう修行者も多く、それをユーロジヴィ（聖痴愚）と呼んだ。

この考えはロシアに限らない。アメリカにおいて教養や学歴を否定する「反知性主義」こそはキリスト教福音派の根幹だった。チャールズ・フィニー（１７９２〜１８７５年）、ドワイト・ムーディ（１８３７〜９９年）、ビリー・サンデー（１８６２〜１９３５年）、それにジェリー・ファルウェルといった福音派のリーダーたちは皆、貧しさゆえにまともな学校教育を受けられず、聖書以外の本も読んだことがないことを誇りにしていた。だからこそ純粋に神を信じられるのだと。

愚者の天国

反知性主義はアメリカにおいて、宗教だけでなく政治におけるポピュリズムの根底にある。

建国当初の大統領選挙で投票権を持っていたのは大地主だけで、皆、一流大学を卒業した知識人だった。しかし、1828年の選挙からはほぼすべての白人男性に投票権が広げられた。立候補したアンドリュー・ジャクソンは孤児同然に育ち、学歴もないたたき上げだった。ジャクソンは無学ゆえに政敵から「ロバ（馬鹿という意味）」と呼ばれたが、自らロバをシンボルにした。投票者の圧倒的多数も、大学など出ていなかった。彼らは東部の気取ったインテリよりも野卑なジャクソンを選んだ。

フォレスト・ガンプは、ウィンストン・グルームの原作小説では、候補者として選挙に引っ張り出される。政策を尋ねられても「おしっこしたい」と言うだけだが、それが気取らない庶民の言葉として絶賛される。このあたりはハル・アシュビー監督の『チャンス』（1979年）がヒントになっているのだろう。生まれたときから御屋敷《おやしき》の中から出たことのない無知で無学な庭師チャンスは、老人になって初めて世間に出て、トンチンカンなことを言っているうちに、マスコミはそれを素朴な知恵と持ち上げ、政党は彼を大統領候補に担ぎ上げようとする。もちろん傀儡《かいらい》として利用するためだ。

原作者グルームは皮肉っぽさを引っ込めて、２０１２年には『ロナルド・レーガン我らの40代大統領』なる本を出版し、田舎の三流大学をCの成績で卒業した劣等生にもかかわらず大統領になったレーガンを「フォレスト・ガンプだ」と礼賛《らいさん》した。

たしかにレーガンは知的でないことが売りだった。大統領選の討論会では、現役のカーター大統領が政治や経済のさまざまなデータを提出するとレーガンは「また始まった」と肩をすくめてお道化《どけ》て、自分は政治や経済の素人であることを恥じず、むしろ逆に強調することで、庶民に親近感を抱かせた。

ジョージ・W・ブッシュもそうだった。２０００年の大統領選挙で、民主党のアル・ゴア候補との討論会で「社会保障（アメリカの国民年金）って連邦政府の仕事なの？」と大統領としては致命的な無知をさらした。ゴアは「ええ、国の大事な仕事ですよ」と軽蔑的に微笑んだ。討論会の後、支持率が下がったのはゴアのほうだった。アメリカでは、優れたリーダーよりも自分に近い人を求める人のほうが多いのだ。

「フォレスト・ガンプはアメリカ人のあるべき姿だ」ＤＶＤの副音声でロバート・ゼメキスは断言する。知能指数75が理想のアメリカ人？　それは反知性主義以外の何物でもない。国民みんなが「何も考えずに命令に従う」愚者だと民主主義は成立しない。民主主義とは国民全員が国家の主権者として主体的に政治参加することを前提としている。

ガンプのような国民の愚民化は、ハリウッドの商業映画監督や権力者にとって都合がいいだけだ。

『大統領の執事の涙』

『フォレスト・ガンプ』の冒頭には『國民の創生』のフィルムが挿入されている。合成されたトム・ハンクスがKKKの白頭巾を被って黒人退治に出撃する。ガンプの名前が、KKKの創始者のひとりネイサン・B・フォレストから取られているからだ。南北戦争中に捕虜の黒人三百人を虐殺した白人至上主義者、フォレストの名を母親がガンプにつけたのは「馬鹿なことをする人を戒めるため」と説明される。我が子に虐殺者の名前をあえてつける母親の気持ちは理解しがたいが、KKK礼賛映画『國民の創生』のフィルムを挿入したゼメキスは、ある種の確信犯に違いない。

『フォレスト・ガンプ』は1994年7月に公開されて大ヒットし、同じ年の11月の中間選挙では、共和党が『フォレスト・ガンプ』をプロパガンダに使った。たとえば下院議長ニュート・ギングリッチは、当時こういう演説をしている。

「『フォレスト・ガンプ』のカウンター・カルチャーの描き方は真実だ。彼ら（反戦学生やヒッピーたち）は、汚く、いやらしく、悪意に満ちて、女性を平気で殴り、グロテスクなことをする連中だった。ビル・クリントン（当時の大統領）はそういうカウンター・カルチャー側の仲間なんだ」

かくして選挙では共和党が上下院で過半数を占める圧勝になった。

１９９２年の『ボブ★ロバーツ／陰謀が生んだ英雄』は「邪悪なフォレスト・ガンプ」とでも言うべき映画だった。

共和党の上院議員候補ボブ・ロバーツはフォーク・シンガーで、カントリー風の自作の歌を歌いながら、選挙戦を戦っていく。ロバーツは、60年代カウンター・カルチャーの導師だったボブ・ディランを裏返したキャラクターだ。

ボブ・ディランは「時代は変わる」（６４年）で、革命の到来を歌った。

「国中のお母さんたち、お父さんたち、あなたたちの理解できないことを非難しないでください。あなたたちの息子や娘は、あなたたちの意の届かないところにいます。もしどうしても手を貸せないというのなら、新しい道から退《ど》いてください。時代は今、変わりつつあるのだから」

ところがボブ・ロバーツが歌うのは『ザ・タイムズ・チェンジング・バック（時代は戻る）』。彼は60年代を「アメリカ史に残る汚点」と断じ、50年代に戻そうと歌う。レーガンのように。『バック・トゥ・ザ・フューチャー』のように。そうしてロバーツが提唱するのは、弱肉強食の新自由主義経済だ。

「怠け者は文句を言うばかり。仕事がない、社会が悪い。貧乏だ、社会が悪い、能力はある、機会がない。とにかく失業手当をくれ。おいお前、ここは自由の国なんだ。機会は自分で取ってこい」

そこでは、ガンプのような素朴な者は生きていけないだろう。

カウンター・カルチャー前の50年代を、ゼメキスは『バック・トゥ・ザ・フューチャー』の副音声で「イノセントな時代だった」と称賛している。だが、50年代は、先住民や黒人や女性を踏みにじる現実から目をそむけ、セックスを抑圧する、欺瞞に満ちた時代だった。60年代、パンドラの箱を開けたように、それらの矛盾が噴き出した。たしかにアメリカはイノセントを失った。しかし人は醜い真実を知って大人になるのだ。つまり、カウンター・カルチャーとは、ママと神様とアップルパイを素直に愛する幼子のような国だったアメリカにとっての思春期の反抗、避けることのできない通過儀礼だった。だから時代を戻してはならない。カウンター・カルチャーがなければ現在のマイノリティの平等はなかった。アメリカはたしかにイノセントは失ったが、パンドラの箱の底には、希望があったのだ。

２０１３年、黒人監督リー・ダニエルズは『大統領の執事の涙』を製作・監督した。それは50年代のアイゼンハウアー大統領の頃から８６年のレーガン大統領までホワイトハウスの執事を務めたユージン・アレンをモデルにした物語で、主人公セシル（フォレスト・ウィテカー）は、公民権運動の歴史をホワイトハウスの内側から目撃しながら、けっして自分の意見を表明しない、フォレスト・ガンプのように従順な黒人である。

「『大統領の執事の涙』は『フォレスト・ガンプ』への反論として撮りました」

リー・ダニエルズ監督は明言している。「『フォレスト・ガンプ』が隠した60年代の公民権運動を描くために作ったのです」

セシルの息子ルイスは、戦おうとしない父親に反発して、政治運動の渦中に身を投じる。『フォレスト・ガンプ』のジェニーにあたるキャラクターだ。ジェニーは無残に敗北したが、ルイスは挫《くじ》けずに勝利を目指す。演じているのは『グローリー／明日への行進』でキング牧師を演じたデヴィッド・オイエロだ。最後に父セシルは息子が正しかったと認める。

セシルのモデル、ユージン・アレンは２００８年の選挙で、黒人初の大統領候補バラク・オバマに投票し、１０年、ホワイトハウスに招かれ、オバマ大統領から長年の功労を称《たた》えられ、九十歳で亡くなった。

あとがき

D・W・グリフィス監督の『國民の創生』から百一年目の2016年、同じ原題を持つ新作映画『バース・オブ・ネイション』が公開された。

南北戦争の約三十年前、1831年に起こった黒人奴隷の反乱を描いており、アフリカ系の俳優ネイト・パーカーが企画・製作・脚本、および反乱のリーダー、ナット・ターナーを演じている。

南部バージニア州の綿花農園で黒人奴隷の息子として生まれたナットは、幼い頃から聡明で、農園主のターナー家から、聖書の勉強を許された。当時、南部の白人たちは黒人には天国に行く魂がないと考えていたので、奴隷にはキリスト教を教えなかったが、ナットは神の教えを仲間に伝え始めた。それは起爆剤だった。聖書にはこう書かれているからだ。人は皆、神の子であって、「奴隷も自由人もない」と。

ナットは牧師として奴隷たちに洗礼を施し、神の下で結婚もした。ターナー家は寛容だった。若き当主サミュエルはナットと幼馴染みで、彼を友人として扱った。個人的には奴隷制度廃止論者だったが、南部では何もできなかった。

ナットは理不尽な虐待の数々を体験する。黒人女性は来客への接待として夜伽《よとぎ》をさせられる。いっそ飢えて死んだほうがましだと断食を続ける奴隷の歯をノミで割って無理に流動食を流し込む。抗議したナット自身も鞭打たれて死にかける。

そして彼は天啓を受ける。自分は奴隷を解放するために神に選ばれた者だと。

ナットは密かに奴隷を組織化し、８月21日の晩、静かに反乱を始めた。寝室で眠っている白人たちをひとりずつ、音を立てぬよう、銃ではなくナイフや斧《おの》や鈍器で殺害していった。その数は女性や子どもも含んで五十人を超えた。

反乱は白人民兵によって二日後に鎮圧された。ターナーは森に逃げ込んだが10月30日に逮捕された。絞首刑の後、死体は皮を剝がれ、首を切られ、体を八つ裂きにされた。白人たちは怒りと恐れから、反乱に加わった者だけでなく、まったく無関係な奴隷たち百人以上を殺した。これ以降、白人たちはけっして奴隷たちに聖書を教えなくなった。

『バース・オブ・ネイション』は、もちろんＤ・Ｗ・グリフィスの「名作」の裏返しとして作られた。

「"The Birth of a Nation"という言葉は『國民の創生』によって血塗られている」サンダンス映画祭の記者会見で、ネイト・パーカーはこのタイトルを使った理由を説明している。「だが、僕が『バース・オブ・ネイション』を作ったことで、今後、『國民の創生』はナット・ターナーと結びつけられることになったんだ」

映画学校では今でも娯楽映画のストーリーテリングの原点として『國民の創生』を見せられる。しかし、よほどの白人至上主義者でない限り、それを観るのは苦痛だ。特にアフリカ系にとっては。技術的に優れているというだけでは我慢できないものがある。

ネイト・パーカーは、近年のアカデミー賞の候補者が白人ばかりになっている現状の根底には『國民の創生』があると考えている。「差別的な事態が起こるたびに我々は雑草を抜くようにそれに対処する。腕をまくって土を掘って根っこから抜こうとする。だが問題はそのはるか奥深くにある。ハリウッドの娯楽映画産業はグリフィスの『國民の創生』の上に築かれた。『國民の創生』は史上初めてホワイトハウスで上映され、初めて国民的なヒット作になった映画だ。だが、そのテーマは白人の優位性だ」

『國民の創生』の大ヒットは全米に六百万人ものＫＫＫ会員を生み出し、黒人へのリンチが、その後、何十年も続いた。

「それが、この国で起こったんだよ、奴隷制度は終わったのに」

それは『國民の創生』の公開から百一年目の今も続いている。数年前から全米で警察官が無抵抗の黒人を殺害する現場がスマートフォンで次々と撮影され、警官は誰も裁かれず、抗議のデモが続いている。デモだけでなく、黒人も銃を取って警官に報復し始めた。ニューヨークで、テキサスで、ニューオリンズで。その抗争が続く最中に、アメリカで最初に白人に逆襲したナット・ターナーの映画が公開されたのは意義深い。

まだ三十六歳で、映画史に挑戦するこの意欲作を実現させたネイト・パーカーは「ハリウッドに新たな天才登場！」と世界に注目された。ところが、全米公開前、彼が大学生の頃、女学生を友人ふたりとレイプしたと訴えられた事実が発覚した。裁判でパーカーは同意の上とされて無罪になったが、原告の女性は2012年に麻薬中毒治療施設で睡眠薬自殺した。彼女は白人だった。ともに訴えられた友人は『バース・オブ・ネイションズ』の共同脚本にクレジットされているが、映画には、ナット・ターナーの妻が白人たちにレイプされる描写がある。この件をどう捉えるべきなのか、アメリカ人は困惑している。アメリカの闇はいったいどこまで深いのか。

本書の企画を辛抱強く出版にこぎつけてくれた編集担当の佐藤眞さんに感謝します。

町山智浩

2016年9月

文庫版あとがき

『最も危険なアメリカ映画』は、基本的にアメリカのヒューマニズムを高らかに謳《うた》ってきたアメリカ映画のなかから、現代にも通じるアメリカのダークサイドが噴出した怖い映画ばかりを集めて紹介した本です。

この単行本が出たのは２０１６年10月。オバマ大統領が67パーセントという高い支持率で8年の任期を全うしようとしていた頃です。やっとアフリカ系が大統領に選ばれたことで、長かった黒人差別の歴史は終わったのでは？　とも言われていました。しかし、実際は大都市以外の白人はほとんどオバマに投票していません。

２０１６年、彼らはドナルド・トランプに投票しました。メキシコ人を強姦魔と呼び、イスラム教徒を入国させないと叫ぶ、『群衆の中の一つの顔』のラリーのような男に。ラストベルト（五大湖地方の錆びついた工業地帯）の再生を掲げたトランプはまさに『オール・ザ・キングスメン』のウィリー・スタークのように労働者の人気を集めました。実際は『群衆』でジョン・ドーを操ろうとした資本家の側なのに。

トランプのスローガンは「メイク・アメリカ・グレート・アゲイン」、アメリカをもう一度グレートに。それはもともと１９８０年にロナルド・レーガンが掲げた言葉です。レーガンはアメリカを１９５０年代に戻そうという意味で「バック・トゥ・ザ・フューチャー」とも言いました。まだ黒人に人権がなく、白人が支配していたアメリカに。

トランプの言う「アゲイン」もそういう意味でした。トランプ政権になってから、全米で白人至上主義運動が活性化しました。２０１７年8月には、南部ヴァージニアで、ユナイト・ザ・ライト（右翼よ団結せよ）なるイベントが行われ、ＫＫＫのようにたいまつ行進をし、反対派のデモに車を突っ込ませて、女性を轢《ひ》き殺しました。

翌２０１８年、『バンブーズルド』のスパイク・リー監督はＫＫＫに入会した黒人警官の実話を元に映画『ブラック・クランズマン』を作りました。劇中、ＫＫＫは入会式で『國民の創生』を上映します。映画の舞台は１９７０年代だが、最後にスパイク・リーはユナイト・ザ・ライトと、ＫＫＫ総帥のデヴィッド・デュークがドナルド・トランプを賞賛する映像を挿入して、現在と繋げます。ＫＫＫに支持される男が大統領になるなんて。

『最も危険なアメリカ映画』に集められた映画は、最も危険なアメリカ大統領の誕生を予言していたようです。

でも、アメリカは『フォレスト・ガンプ』だけの国ではありません。『イントレランス』や『怒りの葡萄』や『スミス都へ行く』や『大統領の陰謀』や『ペンタゴン・ペーパーズ』の国でもあります。２０２０年にはどんな大統領を選ぶのでしょうか。

文庫版解説を書いてくれた丸屋九兵衛さん、装丁の坂本志保さん、集英社インターナショナルの佐藤眞さんに感謝します。

町山智浩

２０１９年9月

最も危険な解説——文庫化によせて

丸屋九兵衛

過日、どこぞの●●がこうツイートしているのを見かけた。「映画に政治的メッセージが込められていると嬉《うれ》しそうにドヤ顔で解説する町山智浩」。だからわたしは、その人物に対し、上品な言葉遣いで簡潔に返してみたのだ。「映画も音楽も政治だよ、βitch」と。

そう、アートに政治的な意図が込められていないことなど、まずない。その中でも、「差別・反動・不寛容を押し進めんとする意図をもって作られた映画」、もしくは逆に「それを暴く映画」を蒐集《しゅうしゅう》し、じっくりと解剖して見せたのが本書『最も危険なアメリカ映画』。町山智浩による渾身《こんしん》の作である。

断っておくが、これは本文を要約して見せるようなコーナーではない（そんなことできん）。本当に大切なことは全て本文に書いてあるんだから、そちらを読んでくれ。文庫版の後書き担当であるわたしは、関連する事例をいくつか、自分の得意分野から挙げることで解説の代わりとしたい。本文に対する、ある種のボーナスビーツとして。

■後ろ向きのファイナル・フロンティア

先の繰り返しになるわけだが、もう一度書いておく。「歌は世につれ、世は歌につれ」というが、音楽に限らずエンタテインメントというものは世間の空気を映す鏡だ。特に映画やテレビドラマは。

とはいえ、世論の全てを忠実に反映するのではなく、そこには取捨選択が必ずある。わたしはSF評論家でもあるから、66年に始まったテレビシリーズ『スター・トレック』（宇宙大作戦）を例にとろう。あれは、時代の空気をまんべんなく映したものだったか？　答えはノーだ。同番組で描かれた23世紀には、当時のアメリカの一部（ヒッピー・コミュニティなど）が抱いていた次世代への希望と、それに歩調を合わせた製作陣の「未来、こうあれかし」という想《おも》いが込められていた。

60年代後半のアメリカ。そこでは公民権法が成立したばかりだし、国外ではヴェトナム戦争が泥沼化していた。そんな中、黒人女性やアジア系男性が宇宙船の上級士官を務める設定は、時代の3歩ほど先を行っていたはずだ。挙げ句の果てには、その黒人女性士官と白人男性艦長（俳優はユダヤ系カナダ人。第15章で言及される『侵入者』の主役だ）がキス！　南部のいくつかの州では放送禁止となったという。

映画にせよテレビにせよ、作品にはまず間違いなく「思惑」というものがある。時代の気分に影響された、製作陣の思想と言ってもいい。つまり、映画もドラマも一種のトレイルブレイザー——その時々の世論（は決して一つではないが）を推し進めていく開拓者——となりうるのだ。

しかし残念ながら、トレイルブレイザーの進行方向が、常に前向きとは限らない。世の中には、ファイナル・フロンティア——人類の精神年齢の——を後ろ向きに進めんとする勢力がいる。それも、一見すると無害と思えるのに、実は強大なやつが。本文でも触れられた、夢と魔法の王国である。

■ハダカカメガイとしてのディズニー

クリオネという海中生物がいる。「氷の妖精」と呼ばれているが、正式和名はハダカカメガイだ。その捕食時の豹変《ひょうへん》ぶりは特筆もので、頭（のような部分）がパックリ割れて中から触手がウニョウニョ出てくる様子といったら……エイリアンの伸縮式アゴの如《ごと》し。

その教訓は、「可愛《かわい》く見えるものが中身も可愛いことはほとんどない」。その意味で、ディズニーとはクリオネだ。最近でこそ、『ズートピア』で見事に民族対立を描き、『リメンバー・ミー』でメキシコ文化に敬意を示し、実写版『アラジン』や『リトル・マーメイド』でイキな配役を見せている。だが過去のディズニーは、本文中にある通り、一般市民を標的とした戦略爆撃を提唱する作品（本書第3章）や、奴隷制時代の南部を「古き良き日々」と礼賛する作品（第5章）を嬉々《きき》として作っていた。

ウォルト・ディズニーその人は、戦前は親ナチ、戦後はマッカーシーのシンパとして赤狩り協力者になったというから、反動と不寛容の権化のような人物である。

おまけにディズニーはスウェットショップとの結びつきが囁《ささや》かれている大企業の一つ。スウェットショップとは劣悪な環境のもとで低賃金労働者を酷使する搾取工場で、『イヤー・オブ・ザ・ドラゴン』に出てきた地下モヤシ栽培場（?）と『あゝ野麦峠』を合わせたようなものだ。さらに、ディズニーのスウェットショップでは児童労働の噂《うわさ》が絶えない。つまり、10歳の白人児童が買ってもらう「クマのプーさん」のぬいぐるみは、別の10歳の子供――アジア某国もしくは米国内の不法移民児童――がスウェットショップで作っている可能性もある、ということだ。

だが、ディズニー好きの友人（黒人）がわたしにこう言った。「スウェットショップに頼らない大企業なんてあるんですか?」……ああ、確かに。それが世界の現実かも知れん。最近では今治《いまばり》タオルもそうらしいしな。

■白装束の「騎士団」は十字架を燃やす

わたしはもともとブラック・ミュージック専門誌の編集者だから、その過程で自然に差別というものを考えるようになり、今では気分次第で「人種差別研究家」と名乗っている。で、「米黒人史と人種差別にうるさい」という定評ゆえに関わることになったのが、映画『ブラック・クランズマン』原作書籍の翻訳だ（パルコ出版刊）。

同書のあとがきでも述べたが、KKKことクー・クラックス・クランは恐るべき人種差別秘密結社であると同時に、ウルトラ厨二病《ちゅうにびょう》集団でもある。それが証拠に、組織内での彼らは「ウィザード」「ドラゴン」「サイクロプス」「ゴブリン」と呼び合うのだ……。まともな神経を持った大人が、こんな階級・役職名を使うだろうか？

そのKKK、実は20世紀初頭にはとっくに壊滅していた。が、それを復活させたのが偽歴史大作『國民の創生』なのである。詳細は本書第1章を読んでほしいが、死に体となっていたレイシスト組織を蘇生《そせい》させるパワー！　後ろ向きに走るトレイルブレイザーの威力は、時として凄《すさ》まじい。

映画を見たくらいでKKK再興に走る連中には、もともとそういう反動傾向があったのだろうとは思う。だが『國民の創生』なかりせば、防げた悲劇かもしれないのだ。

■白いマットのNワード

一方、「ギャングスタ・ラップはフィクション。それを聴いて犯罪に走るような奴《やつ》は、もともとそういう傾向があるんだ」と言ったのはドクター・ドレーだ。

ああ、ギャングスタ・ラップ。確かにそれは、現代の「ミンストレル・ショー」（南北戦争前に始まった演劇／興行の一種。顔を黒く塗った白人俳優が、黒人を戯画化して演じた。本書125〜128ページ参照）なのだろう。本書第6章で映画監督スパイク・リーが言う通り。だが同時に、「それで身を立てることがゲットーから抜け出す唯一の手段」というケースも多いのではないか。

補足しておくと、黒人たちが仲間内の呼びかけとして使うNワードは——わたしは書きたくないから伏せ字にするが——n＊＊＊aである。白人から投げつけられる差別用語「n＊＊＊er」を明るく捻《ね》じ曲げ、同胞に対する親愛の情の表現に変えたもの。これはこれで、残飯をソウルフードに変え、押し付けられた言語（英語）を最高の遊び道具に変え、楽器と縁遠い環境の中でターンテーブルに頼る音楽を発明した彼ら、アフリカン・アメリカンらしい閃《ひらめ》きだとわたしは思う。しかし、ヒップホップのリリック中であまりに濫用されるものだから、皆がその語彙に慣れてしまい、世界最大のプロレス団体「WWE」のヴィンス・マクマホン会長（白人）までが調子に乗ってNワードを使う！という惨事を招いたのも、また事実。彼がNワードで呼んだ相手が白人レスラーであることを、「黒人相手でなくて、まだ良かった」と考えるべきかどうか。

■フライドチキンとタコ焼きと

映画『グリーンブック』でヴィゴ・モーテンセン演じるボディガードがマハーシャラ・アリ演じるピアニストに「黒人なのにフライドチキンは初めて!?」と問うと、アリは「大した偏見をありがとう」と返す。そう、「黒人といえばフライドチキン」はステレオタイプだ。とはいえ、「ステレオタイプは悪！　全排除だ！」と割り切れるものでもないのだよ……。

わたしの知人に「原《はら》タコヤキ君」と名乗る関西人がいる。このニックネームの背景にあるのは、東京に来てすぐに「関西人ならできるでしょ。タコ焼き作って」と言われた彼の経験だ。「関西人なら全員、タコ焼きを作れる」……それはひどい妄想だし、ステレオタイプ。

その一方で。関東人が関西人に向かって、タコ焼き、お好み焼き、ホルモン焼きについて偉そうに語り、先輩風を吹かすのもご法度なのである。いつぞや東京人から「美味《おい》しいお好み焼き屋に連れてってあげるよ！　そこで食べたら、他のところでは食べられなくなるよ」と言われたわたし（関西人）は、そのイグノランスに呆《あき》れたものだ。大ざっぱに一般化すると「多数派側の者が、少数派が誇る文物を勝手に代弁するな、権威であるかのように語るな。特に、その少数派文化の出身者本人に対しては」となろうか。白人から「ヒップホップの精神論」なぞを聞かされた黒人がどう感じるか、考えてみよう。

これの特殊なケースが、本文でも触れられたロン・ハワード監督とエディ・マーフィのコント（第12章212ページ）である。この掛け合いには実は続きがあって、ハワード監督の新作映画『ラブ IN ニューヨーク』が「二人のピンプの物語」と聞いたエディは、複雑な困惑の表情を浮かべて言うのだ。「ピンプの話なのに黒人が出てこない？ 感謝していいんだか、ブン殴っていいんだか」と。

■それは対岸の火事ではなく

そのエディ・マーフィがかつてスタンダップ・コメディで「あんたら白人は踊れない。それは差別ではなく事実だ」と語ったように、逆に米黒人が白人文化を語るのはOKとされることが多い。時には揶揄《やゆ》を込めてもいい。マイノリティは同化を強制された側なのだから、一矢報いたいのは当然だ。

だが、それに対して過剰に反発するのがKKKメンタリティ。社会の主流であり支配的であり続けてきた多数派の一部は暴走するのだ、その地位を失うのが怖いから。「白人は抑圧されている」「アメリカはユダヤ人や黒人に乗っ取られた」「俺たちが受け継いできたものを守ろう」と主張し、挙げ句の果てには「ホワイト・パワー」や「ストレイト・プライド」などと言い出す。

問題は、「白人」「アメリカ」「ユダヤ人」「黒人」といった語彙を適切に置換することにより、このKKKロジックが他地域のレイシストも応用可能であること。在特会とか、DHCとか、「普通の日本人」の皆さんとか。

本書『最も危険なアメリカ映画』の恐ろしさはそこにある。この本を読んでから自分の周りを見渡すと、本書が警告する反動や不寛容が、対岸の火事でもなく、他人事でもないことに気づくのだ。いやむしろ、こういったアメリカ映画の危険さも知らず、いまだハリウッドで横行するホワイトウォッシュ系キャスティングにも「我、関せず」な態度を貫く日本人映画ファンの脳味噌《のうみそ》の方が危険なんじゃないか、とわたしは思ったりもする。

■無知は免罪符にならないから

いつぞや、テレビ番組プロデューサーが「ポリティカル・コレクトネス（PC）ってウザい」という前提で話を進めるミーティングに出たことがある。昭和の「教育ママのお小言」のような扱いに、わたしは驚いたものだ。

いや、コンプライアンスは方便だが、PCは他者への配慮だよ。そのありがたさに気づけないのは、君たちが自分をマジョリティと信じ切っているからだ。だが、本書で触れられている「危険な映画」諸作をいまいちど検証すれば、自分たちが往々にして差別される立場であり、PCによって救われる方のマイノリティであることを知るのではないか。

こう考えてみよう。

それがアメリカであれ、日本であれ、世界のどこであれ。突き詰めれば、全ての人は何らかの点においてマイノリティであり、人類とはその寄り合い所帯だ。そして時代は、各少数派が多様な価値観を認め合い、文化を共存共栄させる――さもなくば衝突し、共倒れする――しかないところまで来ている。だが、そんな現代にあっても、人類の精神年齢を後ろ向きに驀進《ばくしん》させんとする勢力は健在だ。そんな人々を知るための最高の教材が映画であり、それを教えてくれるのが本書『最も危険なアメリカ映画』。この快作が、こんな時代の変わり目に文庫化された意義は大きい。無知は免罪符にならないし、無邪気は救いにならないから。もっと知識を。

（まるや・きゅうべえ　音楽評論家／人種差別研究家ほか）

本書は二〇一六年十月、集英社インターナショナル単行本として刊行されました。

初出
集英社インターナショナルHP連載「なぜ『フォレスト・ガンプ』は怖いのか—映画に隠されたアメリカの真実—町山智浩の深読みシネマ・ガイド」
（全十八回、二〇一二〜二〇一五年）

本書には、特定の人種・民族や障がい者に関して、現在の観点から不適切な表現が見られますが、取りあげた映画の内容を説明するに際し、また映画公開時の社会状況を批判的に指摘するに際し、著者に差別を助長する意図はなく、作品の時代背景を踏まえ使用していることをお断りいたします。

本文デザイン／坂本志保

写真提供　川喜多記念映画文化財団
アマナイメージズ
ゲッティイメージズ

集英社文庫　目録（日本文学）

又吉直樹／堀本裕樹　芸人と俳人
町山智浩　アメリカは今日もステロイドを打つ USAスポーツ狂騒曲
町山智浩　トラウマ映画館
町山智浩　トラウマ恋愛映画入門
町山智浩　最も危険なアメリカ映画
松井今朝子　非道、行ずべからず
松井今朝子　家、家にあらず
松井今朝子　道絶えずば、また
松井今朝子　壺中の回廊
松井今朝子　師父の遺言
松浦弥太郎　本業失格
松浦弥太郎　くちぶえサンドイッチ 松浦弥太郎随筆集
松浦弥太郎　最低で最高の本屋
松浦弥太郎　場所はいつも旅先だった
松浦弥太郎　いつもの毎日。衣食住と仕事
松浦弥太郎　日々の100

松浦弥太郎　松浦弥太郎の新しいお金術
松浦弥太郎　続・日々の100
松浦弥太郎　おいしいおにぎりが作れるならば。「暮しの手帖」での日々を綴ったエッセイ集
松岡修造　テニスの王子様勝利学
フレディ松川　老後の大盲点
フレディ松川　ここまでわかった ボケる人ボケない人
フレディ松川　好きなものを食べて長生きできる 長寿の新栄養学
フレディ松川　60歳でボケる人 80歳でボケない人
フレディ松川　はっきり見えたボケの入口 ボケの出口
フレディ松川　わが子の才能を伸ばす親 つぶす親
フレディ松川　不安を晴らす3つの処方箋 認知症外来の午後
松樹剛史　ジョッキー
松樹剛史　スポーツドクター
松樹剛史　GO-ONE
松樹剛史　エアエイジ
松澤くれは　りさ子のガチ恋♡俳優沼

松澤くれは　鷗外パイセン非リア文豪記
松永多佳倫　沖縄を変えた男 栽弘義――高校野球に捧げた生涯
松永多佳倫　偏差値70からの甲子園 僕たちは野球も学業も頂点を目指す
松永天馬　少女か小説か
松本侑子　花の寝床
モンゴメリ 松本侑子・訳　赤毛のアン
モンゴメリ 松本侑子・訳　アンの青春
モンゴメリ 松本侑子・訳　アンの愛情
丸谷才一　星のあひびき
丸谷才一　別れの挨拶
麻耶雄嵩　メルカトルと美袋《みなぎ》のための殺人
麻耶雄嵩　貴族探偵
麻耶雄嵩　あいにくの雨で
麻耶雄嵩　貴族探偵対女探偵
眉村卓　僕と妻の1778話
まんしゅうきつこ　まんしゅう家の憂鬱

集英社文庫

最《もっと》も危険《きけん》なアメリカ映画《えいが》

2019年10月25日　第1刷　　定価はカバーに表示してあります。

著　者　町山智浩《まちやまともひろ》

発行者　徳永　真

発行所　株式会社　集英社
東京都千代田区一ツ橋2-5-10　〒101-8050
電話　【編集部】03-3230-6095
【読者係】03-3230-6080
【販売部】03-3230-6393（書店専用）

印　刷　図書印刷株式会社

製　本　図書印刷株式会社

フォーマットデザイン　アリヤマデザインストア　　マークデザイン　居山浩二

ISBN978-4-08-744039-3 C0195